いちばん簡単、きれいに作れる
がまぐちの本

越膳夕香

はじめに

「ぱちん」と開閉する、がまぐちタイプのポーチやお財布
自分で作ってみたいと思ったことはありませんか？
あるいは、作ってみようとして失敗したことはありませんか？
口金に添付されている型紙通りに袋布を縫い合わせてみたものの
いざ口金をはめようとするとぜんぜんうまくいかず
格闘しているうちにボンドがあちこちについてしまって……。
かつて私もそんな経験をしました。

ところが、革の職人さんの技法を教わる機会を得て
目からうろこが何枚も落ちました。
いままでのあの難儀なやりかたは何だったの？
それからはすっかり楽しくなって、いろいろな形のがまぐちを作りました。

本書で紹介する作り方は、革の技法を布用にアレンジしたものです。
縫う箇所は最小限で、口金に入れる部分は裁ちっぱなし。
貼り合わせれば済むところにはボンドを使います。
口金にはたくさんの種類があり、もっと複雑な技法もありますが
はじめての人でもなるべく失敗しないように
シンプルで手軽に作れるサイズのものを集めてみました。

小さな面積の生地でできるのも、がまぐちの魅力ですから
服やバッグを作った残り布、着物や帯の端切れなど
手持ちの素材を生かして気軽に挑戦してもらえると嬉しいです。
また、パッチワークや刺繍などを嗜まれるかたは
手をかけた布をがまぐちに仕立ててみるのはいかがでしょう？
口金は、英語では「frame」と言います。
とっておきの布をはめておく額縁という意味にもなるのです。

ところで、「がまぐち」という名称の由来は、「蝦蟇口（がまぐち）」。
ひきがえるが口を開けたところに似ているからだとか。
口金を開けて真上から見ると、なるほどね、と思いますが
この留め金の部分を、英語では「ball kiss closure」と呼んだりもするようで
ぜんぜん違う捉えかたなのが面白いですね。
ぜひ、ご自分の手で作ってみて、ひきがえるの顔を拝んだあとで
ふたつのボールがキスする「ぱちん」という音を楽しんでみてください。

越膳夕香

CONTENTS

がまぐちポーチ・ア・ラ・カルト

	作品	作り方
リネン刺繍地のフラットポーチ	4	42
ウールのまちつきポーチ	5	43
フィードサックのダーツ入りポーチ	6	44
着物地のギャザーポーチ	7	45
横まちのポーチ	8	46
通しまちのポーチ	9	47
香箱形ポーチ	10	48
横長ボックスポーチ	11	49

◆口金の種類いろいろ◆　12

縫わずにできる二つ折りタイプ

印鑑ケース	14	50
扇子ケース	14	50
箸ケース	14	51
眼鏡ケース	15	51

二つ折りタイプのアレンジで、道具入れ2種

ソーイングケース	16	52
ニッティングニードルケース	16	53

2.5寸口金のバリエーション

正方形のコインケース	18	54
カードケース	18	54
縦長ペンケース	18	55
アクセサリーケース	19	55
シガレットケース	19	56
サングラスケース	19	56

手のひらサイズのコインケースはいかが？

コインケースいろいろ	20	57

ちょっとレトロな、中仕切りつきの財布

ゴールドの長財布	22	59
水玉の親子財布	23	60

◆根付の楽しみ◆　24

カン付き口金を使ってポシェットに

博多帯地のポシェット	26	61
帆布のポケットつきポシェット	27	62

持ち手をつければミニバッグ風にも

ファーのミニバッグ	28	63
デニムの横長ミニバッグ	29	64

アクセサリーにもなる、ちびがまぐち

シルバーのリップクリームケース	30	65
別珍のバッグチャーム	30	65
ブローチ、帯飾り、キーホルダー、ブレスレット	31	66

◆裏地も遊ぼう◆　32

がまぐちの作り方　33

実物大型紙　67

がまぐちポーチ・ア・ラ・カルト

ふだん使いの化粧ポーチ、トラベルポーチ、お仕事用の道具入れ。
ポーチは、いくつあったって困らないもの。
気に入った形のものを、好きな生地で作ってみましょう。

リネン刺繍地のフラットポーチ

底をわで裁ち、両脇を縫っただけのフラットタイプ。
旅に連れていくには、こんな大きめサイズの
フラットポーチが意外と便利。ポストカードも入ります。

作り方 P.42　型紙 P.67 No.1

ウールのまちつきポーチ

厚手の生地には、まちをつける場合もシンプルなデザインがおすすめ。
底をつまんで縫うタイプのまちつきポーチ2種、深さだけ変えてみました。

作り方　P.43　　型紙　P.67　No.2,3

フィードサックのダーツ入りポーチ

底にダーツをつまんでふっくらさせれば、歯磨きセットだってすっきり収まります。
ふくらみ具合は、ダーツのつまみかた次第で調整可能。

作り方 P.44　　型紙 P.67 No.4

着物地のギャザーポーチ

口元にギャザーを寄せると、コロンとした形に。
左ページのポーチよりひとまわり小さい口金だけれど、こちらは厚みのあるものも入ります。

作り方 🎩 P.45　型紙 🎩 P.67 No.5

横まちのポーチ

「横まち」と呼ばれる、底をわで裁った胴1枚に
2枚のまちをはぎ合わせるデザイン。
2種類の生地の組み合わせも楽しめます。

作り方 P.46　**型紙** P.68 No.6,7

通しまちのポーチ

こちらは「通しまち」といって、
胴2枚に細長いまち1枚をはぎ合わせるデザイン。
大と小で、縦縞と横縞にしてみました。

作り方 P.47　　**型紙** P.68 No.8,9

香箱形ポーチ

折り紙で作る香箱に形が似ているな、と思って
勝手に命名。大小を入れ子にもできます。
4枚の生地の組み合わせを楽しみながら作りたい形。

作り方 P.48　型紙 P.69　No.10,11

横長ボックスポーチ

横長のボックス型ポーチは、
ペンケースやコスメツールボックスに。
型紙は箱の展開図みたいになります。

作り方 P.49　型紙 P.69 No.12

口金の種類いろいろ

　　口金の種類は、サイズ、形、メッキの色、などによって多種多様です。
　　　　形を表すのは、「角」「丸」「くし」など。
　　　メッキの色は「G＝ゴールド」、「N＝ニッケル」など。
　　　　これらは製造元によっていろいろな呼び名があります。
　　　　　サイズは、幅を表示する場合が多いようです。
　　最近ではcmが一般的ですが、昔の名残で寸で表記されているものも見かけます。
寸の場合は、曲尺（かねじゃく）なので「1寸＝約3cm」、たとえば2.5寸なら約7.5cm。
口金の幅に対して高さにあたる部分を「足」、両脇の蝶番の部分は「リベット」と呼びます。
ぱちんととめる玉の部分を、おもに関東では「げんこ」、関西では「ひねり」と呼ぶそうです。
本書では、あえて丸いシンプルなものだけに絞りましたが、ここの形状もいろいろあります。
　　「らっきょ玉」、「碁石玉」、「とびこみ」といった面白い名称で表現されたものもあれば、
　　　　カラフルなプラスチックや木製の玉がついたものもあります。
　また、足の部分に根付用のカンがついていたり、両肩の部分に持ち手用のカンがついているものも。
　　　　　作るアイテムや使う生地に合わせて口金を選びましょう。

ここに並べた口金は、本書で使用したものの一部です。同じ形で色違いのものもあります。
使用した口金については、各作り方ページに品番が入っていますのでそちらをご覧ください。

縫わずにできる二つ折りタイプ

ここで紹介している作品は、針と糸をどこにも使っていません。
折って貼り合わせて口金をはめるだけで作れます。
お裁縫が苦手な人も、手始めにひとつ工作気分でトライしてみて。

印鑑ケース
練習用としておすすめ。少しの端切れで作れます。

作り方 P.50　型紙 P.70 No.13

扇子ケース
女性用の扇子サイズだけれど、
ペン2〜3本を入れるにもぴったり。

作り方 P.50　型紙 P.70 No.14

箸ケース
マイ箸を持ち歩くなら、こんなケースはいかが？

作り方 P.51　型紙 P.70 No.15

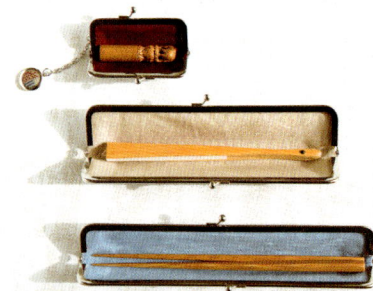

眼鏡ケース

「二つ山」というこの口金は、眼鏡ケース用に作られた特徴のある形。
縫わずにできるタイプなので、スリムな眼鏡限定です。

作り方 P.51　型紙 P.70 No.16

ソーイングケース

針と糸を持ち歩きたくなる手作りケース。
中身は簡易キットを移し替えるだけでも。

作り方  P.52
型紙 P.70 No.17

ニッティングニードルケース

編み針を持ち歩いて、せっせと編んでいるかたは、
こちらをどうぞ。ぱちんと閉じれば
針を落とす心配がないのが、がまぐちのいいところ。

作り方 P.53
型紙 P.70 No.18

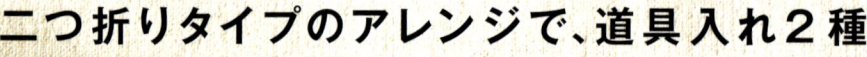

二つ折りタイプのアレンジで、道具入れ2種

フラットなデザインなので、口金をはめる簡単さは前ページの作品と同じ。
ポケットの仕切りなどを工夫すれば、お仕事や趣味のツールケースなどにアレンジ可能です。

17

2.5寸口金のバリエーション

小さな手芸店などでもわりとよく見かけるのが、この幅2.5寸(約7.5cm)サイズの口金。
ふだん使うのにも、口金をはめる練習にも、手ごろなサイズ。
同じ口金でも、高さを変えればこんなふうにいろいろなアイテムが作れます。

正方形のコインケース／カードケース／縦長ペンケース

2枚合わせのまちなしフラットタイプ。高さを変えれば用途もいろいろ。
中央は名刺入れにぴったりサイズ。もっと長くも短かくも、自由にどうぞ。

作り方 P.54,55　型紙 P.71 No.19〜21

サングラスケース／シガレットケース／アクセサリーケース

こちらは、つまみ底タイプ。高さは左ページのフラットタイプと同じ3種類。
まち幅はそれぞれ微妙に変えています。何を入れるかによって使い分けて。

作り方　P.55,56　　型紙　P.71　No.22〜24

手のひらサイズのコインケースはいかが？

手のひらに収まる7〜9cmのがまぐちは、作りやすくて使いやすいサイズ。
小銭入れはもちろん、アクセサリーケースやピルケースとしても。
プレゼントにもおすすめです。

コインケースいろいろ

丸、くし、角と、口金の形は3種類。
それぞれ2パターンのデザインで作りました。
このサイズはたいてい根付用のカンがついているので、遊び甲斐もあります。

作り方　P.57,58　　型紙　P.71 No.25,26　後ろ見返し① No.27～30

ちょっとレトロな、中仕切りつきの財布

がまぐちタイプのお財布を手に持って、腕には籠をかけて、
お母さんたちが毎日のお買い物に出かけていた時代がありました。
カードなんてなかったころは、お財布の中身もシンプルだったのでしょうね。

ゴールドの長財布

中は2部屋に分かれていてお札を畳まずに入れられますが、容量は少なめ。
カードポケットを1つだけつけてみました。こんなスリムなお財布、理想です。

作り方 P.59　型紙 後ろ見返し① No.31

水玉の親子財布

このお財布は、「親」のほうにお札を二つ折りして入れ、
真ん中の「子」に小銭を入れます。もう片方の「親」はレシートかな、カードかな。

作り方 P.60　型紙 後ろ見返し① No.32

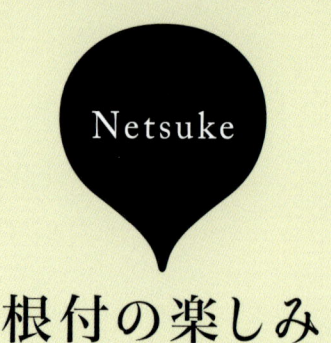

Netsuke
根付の楽しみ

根付とはそもそも、巾着や印籠、煙草入れなどを腰から下げるのに帯に挟んで引っ掛けるためのとめ具でした。
まだみんなが和服を着て暮らしていた江戸時代、
根付は、実用性と装飾性を兼ね備えた、男のおしゃれ小物だったのです。

男性の使い方は、根付を帯の上に固定して袋物を下げるというものでしたが
やがて女性たちは、逆の使い方をするようになりました。
つまり、帯の間に財布などを挟み、根付のほうを下げるようになったのです。
これもまた、挟んだ財布を引っぱり出すときに便利、という実用性と、
帯の外に垂らしておく飾りの役目と、両方を備えたものでした。

ビーズや各種のパーツをTピンや丸カンでつないだり、チェーンに通したり、
ラジオペンチを片手にアクセサリーを作る感覚で作ったものたち。
壊れたブローチや、片方なくしたピアスなどの再利用もおすすめ。

和装から洋装に変わり、ポケットのついた洋服が登場して、
本来のとめ具としての役目は終えても、根付が廃れることはありませんでした。
在処を明確にするために鈴をつけたり、お守りをぶら下げたりする習慣は残り、
ついには、現在の携帯ストラップ文化に至ったものと思われます。

さて、自分で作ったがまぐちにつける根付。
せっかくですから、袋布に合わせて根付を作ることも楽しんでみませんか。
すべての口金に必ず根付用のカンがついているわけではありませんが
ついている場合には、素敵な根付を作って
できあがったがまぐちをより魅力的にしてあげましょう。

編み玉やフェルト玉、共布で作ったくるみボタン、
革のタッセルや、少し手を加えたウッドビーズ……。
残り糸や端切れを使って、編んだり縫ったりして作ったもの。

カン付き口金を使ってポシェットに

天の両端に小さなカンがついているタイプの口金なら、
ナスカンなどの金具を使って、お好みのストラップを取りつけるのも簡単。
バッグの持ち手やベルト通しへの着脱もスムーズにできます。

博多帯地のポシェット

チェーン＋ナスカンは、ストラップつきにする最も手軽な方法。
こんなトラディショナルな生地のポシェットに、
最新鋭機器をしのばせたらおしゃれ。

作り方　P.61　型紙　後ろ見返し② No.33

帆布のポケットつきポシェット

革テープ＋ナスカン＋カシメで作ったストラップをつけて。
カゴバッグなど、ポケットのついていない
バッグの相棒にすると便利。

作り方　P.62　　型紙　後ろ見返し② No.34

持ち手をつければミニバッグ風にも

カンのついていないプレーンな口金でも、
持ち手のつけかたを工夫すれば、ミニバッグが作れます。
プラスする金具の色は、口金にそろえましょう。

ファーのミニバッグ

革テープとリングをカシメでとめて、持ち手をつけました。
生地の迫力と相まって、サイズはミニでも佇まいは立派なハンドバッグ。

作り方　P.63　　型紙　後ろ見返し② No.35

デニムの横長ミニバッグ

ハトメとチェーンをこんなふうに使えば、ポーチのバッグ化も自由自在。
シルバーの金具がアクセントになって、パーティーバッグとしても通用しそう。

作り方 P.64　　型紙 後ろ見返し② No.36

アクセサリーにもなる、ちびがまぐち

幅4cm程度のミニサイズの口金。中にはアクセサリーくらいしか入らないけれど、
その小ささゆえ、これ自体がアクセサリーにもなってしまいます。
アイディア次第で使いみちはまだまだ広がりそう。

シルバーのリップクリームケース

リップクリームを入れて首に下げられる
ケースを作ったら便利だろうな、
と思って作ってみたら、すごく便利。

作り方 P.65　型紙 P.69　No.37

別珍のバッグチャーム

これぞ「THE がまぐち」という形。
カニカンをつけて着脱可能にしました。
バッグチャームにしても、ストラップ風に使っても。

作り方 P.65　型紙 P.69　No.38

ブローチ、帯飾り、キーホルダー、ブレスレット

小さくて四角いがまぐちは、500円玉がぴったり入るサイズ。
右上から時計回りに、ブローチ、帯飾り、キーホルダー、ブレスレット。

作り方 P.66　型紙 P.69　No.39

裏地も遊ぼう

ぱちんと開けるたびに目に入る裏地選びは、とても重要。
表と同じようなトーンでまとめるのもいいけれど、ときには、あえてコントラストの強い色を選んでみたり、
表が無地なら裏にはヴィヴィッドなプリントを使ったりしてみましょう。
ぱちんと開けるたびに、はっとしたり、どきっとしたり。それもまた、がまぐちの楽しみなのです。

がまぐちの作り方

気に入ったがまぐちは見つかりましたか？
まず各作品の作り方ページを見て、
次に巻末の型紙を探し、
「基本の作り方（P.38～41）」を
参照しながら作ってみてください。

Technique note1
はじめてがまぐちを作る人へ

【 角タイプの口金から 】
最初は、丸よりも角の口金のほうが、はめる練習には向いています。生地は、厚すぎず薄すぎない木綿や麻などの、規則的で細かい柄のあるものがおすすめ。たとえばギンガムチェックなら、柄がそのまま目盛りになるので、口金の溝にまっすぐ入っていないときなどに無地よりも発見しやすいのです。

【 正確さが肝心 】
つねに正確な作業を心がけましょう。サイズが小さいので、ミリ単位の誤差でも大きく響きます。しるしをつけるのも裁つのも、なるべくシャープな道具で。はさみよりもカッターを使うことをおすすめします。

【 へらや目打ちを用意 】
へらは折り代を折るとき、縫い代を割ってボンドで貼るときなどに役に立ちます。目打ちは、しるしを写すときや、底まちやポケットの角を出すとき、口金をはめるときなど、あらゆる場面で必要になります。

【 習うより慣れよでトライ 】
口金をはめる作業は、最初は難しいと思いますが、慣れです。失敗を恐れずに何度もトライしてみてください。ただし、余計なところにボンドをつけないように気をつけて。口金についたボンドは乾けばはがせますが、袋布にはつけないように。手や道具はいつもきれいにして作業しましょう。

Technique note2
表記について

【 できあがりサイズについて 】
各作品の作り方ページにおよそのサイズを「W（幅）×H（高さ）×D（まち幅）」で表記しています。

【 用尺について 】
布の長さは横×縦で表示しています。小さいものなので、1cm単位で切り上げており、わりとぎりぎりです。ほつれやすい生地や、柄合わせが必要な生地などは、余裕をもって用意してください。

【 口金の種類について 】
本書で使用した口金はすべて「材料」のところにメーカー名と品番を記載してあります。

記載例）作品No.1の場合
口金：幅16.5×6.5cm（CH-113・BN／㋣）
　　　　サイズ　　品番　色　メーカー

色（メッキ色）の略語について
N＝ニッケル、G＝ゴールド、B＝ブラックニッケル、BN＝ブロンズ、AS＝アンティークシルバー、AG＝アンティークゴールド、AC＝アンティークカッパー、ATS＝真鍮ブロンズサテーナ、DB＝銅ブロンズサテーナ

メーカー名略語について
㋣タカギ繊維　㋴角田商店　㋪藤久
問い合わせ先はP.72に掲載しています。

【 口金のサイズ 】
「幅×玉を含まない高さ（下はリベットの下まで）」で表記しています。メーカーのサイズ表記とは異なる場合があります。

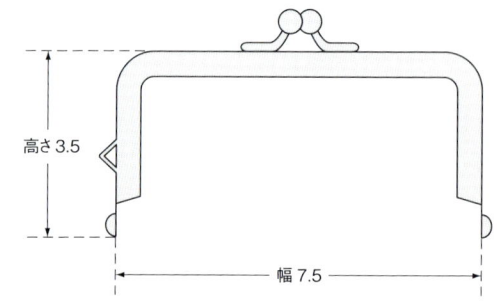

高さ3.5
幅7.5

【 紙紐について 】
材料の中に「紙紐」は記載していません。必要な分量は、口金の溝の幅と布地の厚さによります。同じ口金でも、生地の厚さによって紙紐の太さを調整する場合もあります（→P.39参照）。紙紐は、口金に添付されている場合もありますが、添付されていない場合は別に用意しなければいけないのでご注意を。

Technique note3
実物大型紙について

【 型紙の掲載ページ 】
本書の掲載作品には、すべて実物大型紙がついています。作り方ページに、型紙が掲載されたページ数を記載してありますので、作りたい作品の番号を探してください。なお、後ろ見返しとは最後のページの次の用紙のこと。

【 折り代・縫い代・印について 】
実物大型紙にはすべて6mmの折り代・縫い代がついています。ミシンのゲージに合わせて縫う人は、この線は写さなくても大丈夫です。面積が大きい作品は、二つ折りにした状態で、折り線を「わ」で表記してある場合もあります。その場合は、「わ」の破線を中心に、対称に開いて使ってください。
左右のセンターライン、合い印、縫いどまりの印、金具のつけ位置なども全部忘れずに写しておきましょう。

【 使い方 】
実物大型紙の利用方法には、大きく分けて2つあります。

> 1. 実物大型紙に不織布タイプの接着芯を重ね、
>   透かして鉛筆でなぞる。

接着芯をそのまま布に貼り、一緒に裁てばOK。すぐ作れます。

> 2. 薄い紙に写し取ってから厚紙で裏打ちするなどして、
>   型紙を作る。

厚紙で作った型紙を接着芯に載せて、輪郭をなぞって写す。型紙をきちんと作っておくと、同じものを複数作るときに便利です。

いずれにしろ、接着芯に写したものを布に貼って裁てばラクで、誤差も少なくて済みます。

【 メーカー違いの口金を使用する場合 】
口金の規格は微妙で、異なるメーカーで同じサイズが存在することもありますし、逆に、同じように「2.5寸」と表記されていてもメーカーによって足の長さが数ミリ違う、などということもあります。
手持ちの口金を使って掲載作品を作る場合、微妙なサイズの違いが心配なときは、実物大型紙の口元のラインに口金を重ねてみてください。

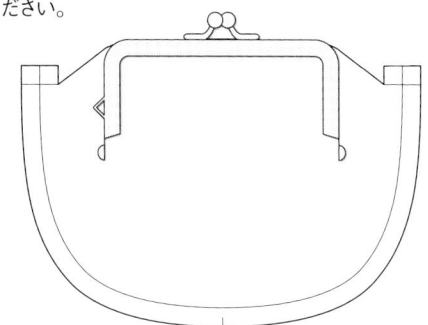

次に、肩の部分を支点に回転させて、足の部分を型紙に重ねてみてください。

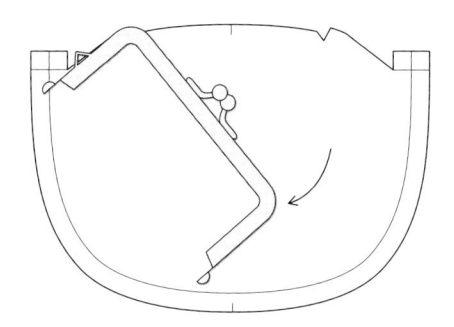

脇の縫い線の上にリベットが重なれば大丈夫。口金に入る部分の総距離が合っていればはめることができます。数ミリの違いなら、肩の部分のV字の切り込みが誤差を吸収してくれます。

Technique note 4
芯について

【 薄手接着芯を使う 】
表布・裏布の全面に貼るには、伸縮性のない不織布タイプの薄手接着芯がおすすめ。透けるので柄合わせもしやすく、芯を貼ってから裁てば裁ち端のほつれも防げます。

【 ドミット芯を使う 】
アクセサリーポーチやデジカメケース用にクッション性がほしいときは、接着芯をドミット芯に替えても。ただし、袋布が厚くなりすぎると口金をはめにくくなるので、生地の厚さや口金の溝幅とのバランスを考えて選んでください。

【 口芯を貼る 】
使う生地のタイプや形にもよりますが、口元をしっかりさせたいときには、口芯を貼るといいでしょう。
厚手の接着芯か薄手のボール紙などで作り、表袋と裏袋の口元を貼り合わせるときに間に挟み、口元だけを接着します。口芯の型紙はつけていませんが、だいたいで大丈夫なので、右の図を参照して作ってください。

【 胴芯を入れる 】
P.14～15の作品のような二つ折りタイプを作る場合、しっかりさせたいときには、胴芯を全体に入れます。ベタ貼りではなく周りだけにボンドをつけ、底を曲げて形づけながら貼り合わせます。胴の型紙をもとに、下の図を参照して作ってください。

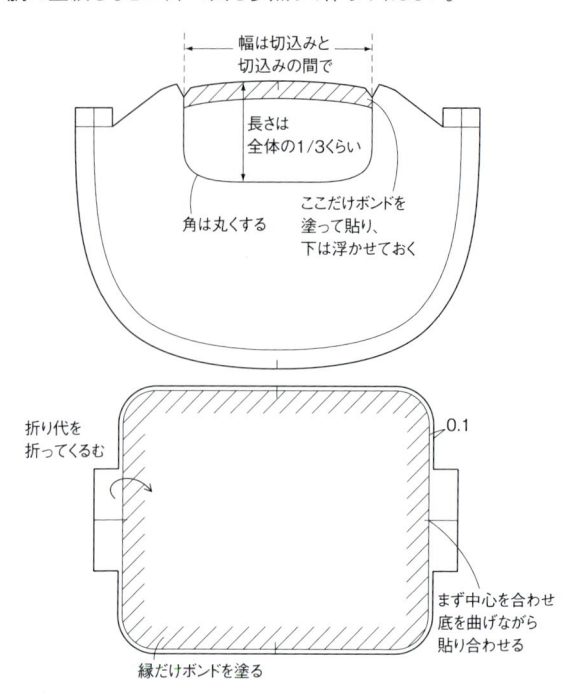

Technique note 5
口金はめのコツ

【 キレイにはめるポイント 】
詳しい工程は「基本の作り方」(P.38～)で解説していますが、いちばんの難所なので、いくつかあるポイントをここで確認しておきましょう。

● まちがあるタイプの場合は、表袋と裏袋を貼り合わせたら、口金にはめやすいように、しっかり折り癖をつけておくこと。
● 口金の溝にボンドを入れる前にリハーサル。うまくはまるか、紙紐の太さは適当か、などを確認しておくこと。
● 一カ所だけを見ていないで、まんべんなく全体をチェックしながらはめること。
● 紙紐は深く押し込みすぎず、見えるか見えないかくらいの位置でとめること。

【 うまくはまらなかったとき 】
「やっとはめ終わった～！」と思ってよく見たら、「ちゃんと入っていない、曲がってる！」というときに、修復しようとぐずぐずいじってもダメです。ボンドが乾かないうちに、潔くいったんはずして、イチからはめ直しましょう。紙紐は、破かないように抜き出してより直せば再利用できます。

【 リベット脇の角をつぶす 】
仕上げに、口金のリベット脇の角をつぶして締めておけば安心ではありますが、私は、いつも必ずつぶさねばならないわけではないと思っています。きちんとボンドを入れて、適切な太さの紙紐を適切な場所に入れれば抜けてしまう心配はありません。それに、いったんつぶすと修理が難しくなってしまいます。
この本の作品では、No.32、34など、厚地の場合などに限ってつぶしています。とはいえ、ボンドが乾いてからでも、力まかせに袋を引っぱれば抜けてしまうので、取り扱いにはご注意を。

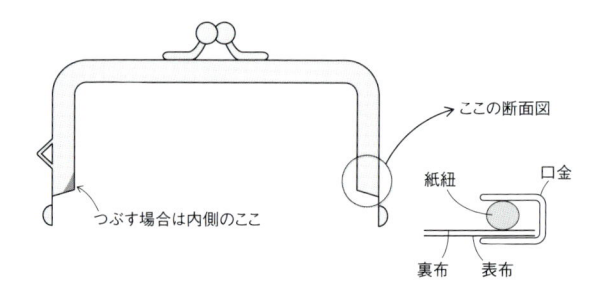

がまぐち作りに使う道具

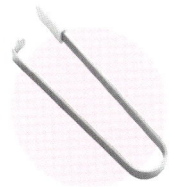

がまぐちを作るとき、私がふだん使っている道具をご紹介します。
ただし、ミシン、アイロン、鉛筆などは省いています。
これと同じ道具をそろえないと作れないというわけではなく、
身近なもので代用できるものもたくさんあります。まずは家にあるもので工夫してみてください。

下の写真の「はめやっとこ」と同じ働きをする道具。軽量で扱いやすい。がまぐち専用さし込み器具(CH-9000)／タカギ繊維

【 袋布を作るのに使うもの 】

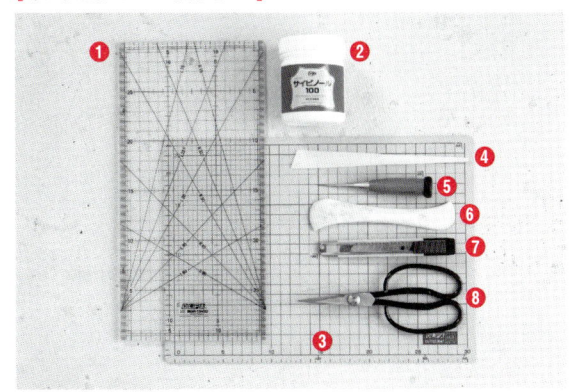

❶方眼定規：型紙を作る。しるしをつける。
❷ボンド（これは「サイビノール100」。手芸用ボンド、木工用ボンドでOK）：袋布の縫い代、折り代、口元を貼る。口芯や胴芯を貼る。
❸カッターボード：型紙を作る。接着芯や生地の裁断をする。
❹のりべら（厚紙などで作ってもOK）：縫い代、折り代、袋布の口元などを貼り合わせる。
❺目打ち：しるしをつける。袋布の形を整える。袋布を口金の溝にはめ込む。
❻へら：折り代のしるしをつける。縫い代やカーブの形を整える。
❼カッター：型紙を作る。接着芯や生地の裁断をする。
❽はさみ（裁ちばさみより小回りが利いて、刃先までよく切れるもの）：縫い代などに切り込みを入れる。

【 根付を作ったり、チェーンをつけたりするとき便利なもの 】

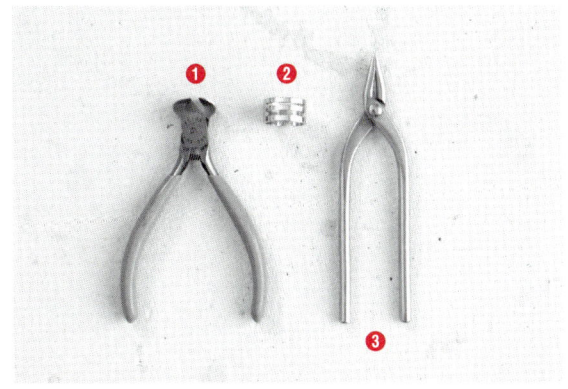

❶ニッパー：Tピンや9ピンをカットする。
❷指カン：丸カンやチェーンの開閉をするとき、指にはめてペンチの補助をする。
❸ラジオペンチ：丸カンやチェーンを取りつけるときに、開けたり閉めたりする。Tピンや9ピンの端を丸める。

※根付けは参考作品です。詳しい作り方は紹介していません。

【 口金をはめるときに使うもの 】

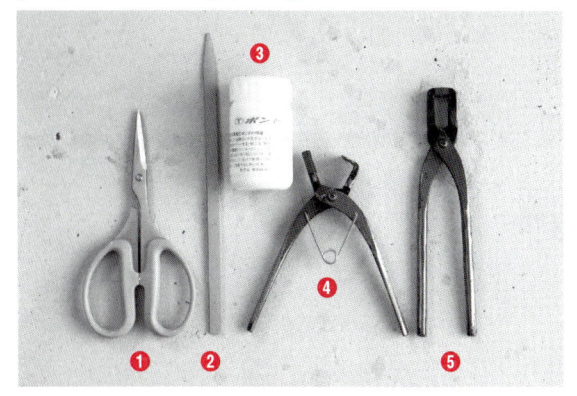

❶はさみ（布用とは別の頑丈な工作用）：紙紐を切り分ける。
❷竹べら（竹串や爪楊枝で代用可）：口金の溝の中にボンドを塗る。
❸ボンド（「Tボンド」／角田商店。左の写真のボンドの姉妹品「サイビノール600」でもよい。その他、乾くと無色透明になるタイプで接着力の強いもの）：口金をはめるとき溝に入れる。
❹はめやっとこ（親指の爪でもOK。上写真の「差し込み器具」もおすすめ）：口金に紙紐を入れて整える。
❺つぶしやっとこ（ペンチに布を巻いて代用可）：口金の端の角をつぶす。

【 カシメやハトメを打つ場合に必要なもの 】

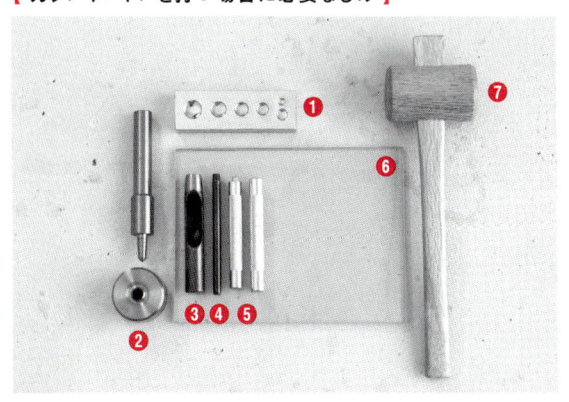

❶打ち台：カシメ、ホックを打つときの台。
❷ハトメ打ち具（打ち棒と台で1セット）：ハトメを取りつける。
❸ポンチ：カシメやハトメを打つ位置に穴を開ける。
❹カシメ打ち具：打ち台と一緒に使ってカシメを取りつける。
❺ホック打ち具（2本で1セット）：打ち台と一緒に使ってホックを取りつける。
❻ビニ板（ゴム板、カッターボードでもOK）：ポンチや打ち具を使うときに下に敷く。
❼木槌：ポンチや打ち具を叩く。

基本の作り方

どのタイプも、型紙を接着芯に写し取ったものを、布の裏に貼って裁断したところからスタートします。

Type A まちがあるタイプ

胴とまちを別に裁って縫い合わせるものと、胴から続いたまちが脇で折れて内側に入るものがありますが、表布、裏布それぞれの、両脇の折り代を折って貼り合わせるところは同じ。
両肩にあるV字型の切り込みは、まちの折り山の延長線上にあり、立体的なまちを形作りつつもスムーズに口金をはめるための大事な部分。ただし、口金の中に隠れるよう、深く切りすぎないように注意。このV字の頂点を起点にしてきちんと折り癖をつけておくのがポイント。

▶▶ 布を裁つ

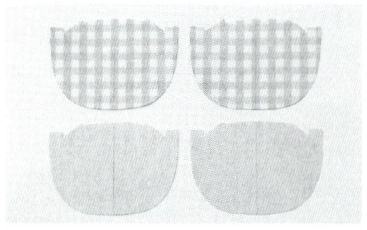

1 表布2枚、裏布2枚、接着芯を貼って裁断したところ。縫い線や折り線は省略してもOK。センターラインは入れておく。

3 縫い代のカーブの部分に縫い目の2mmくらい手前まで切り込みを入れる。5〜8mmくらいの間隔で、縫い目に対して垂直に。裏袋も同様にする。

5 平らに置いたままで縫い代を貼ると縫い目の部分がとがってしまうので、ボンドが乾かないうちに手を入れて、縫い目を押さえるようにして割る。

6 表袋、裏袋とも、縫い代の始末を終えた状態。

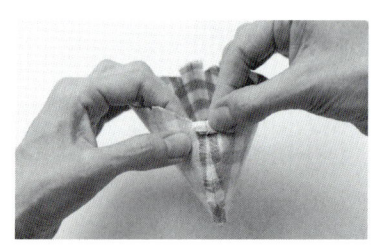

8 折って貼る。厚地の場合は余分な縫い代をカットしてもいい。裏袋も同様に。

9 表袋、裏袋とも、折り代の始末を終えた状態。

▶▶ 袋を作る

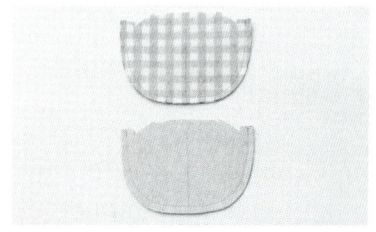

2 表布2枚、裏布2枚をそれぞれ中表に合わせて周りを縫う。ミシンのゲージをガイドに、表は少し外側を、裏は少し内側を縫って差をつけるときれいに重ねられる。差の度合いは布の厚さによる。

4 縫い代にボンドをつけて貼り、縫い代を割る。カーブの部分はへらなどを使って起こし、切り込みを入れた部分をきれいに重ねる。

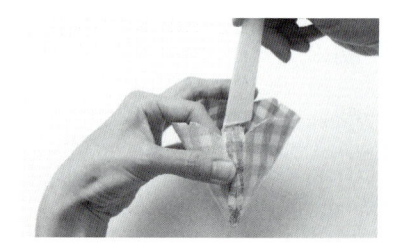

7 両脇の折り代の裏側にボンドをつける。折りにくい生地の場合は、先にへらで折り線をなぞって折り癖をつけておくとよい。

Option

口元をしっかりさせるために口芯を入れる場合は、この段階で、表袋、裏袋どちらかの口元に貼っておく（P.36参照）。

| 10 | 表袋を表に返し、形を整える。

| 11 | 口の部分に一周ボンドを塗り、表袋の中に裏袋を重ねて入れる。

| 12 | 両脇の折り代部分から貼り合わせる。脇の縫い目をきちんと合わせること。

| 13 | センターのしるしを合わせて、中央部分も貼り合わせる。底の隅のほうまでしっかり袋が重なるように整える。

| 14 | 脇の折れまちの部分の折り癖をつける。V字の切り込みの頂点から脇線の中央あたりまでを山折りに、脇の折り代を貼り合わせたあたりを谷折りに。

| 15 | 左右対称になるように、両側とも折り癖をつける。このまま口金にはめられる状態に。

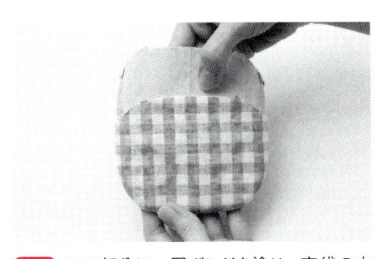

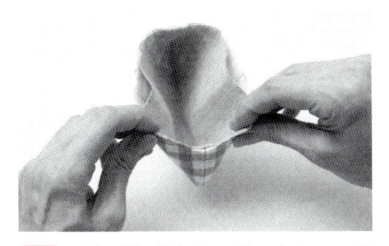

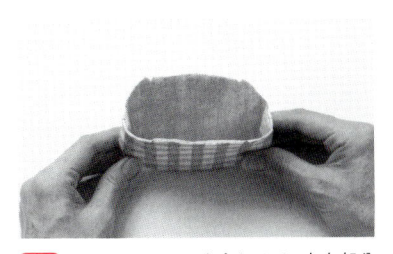

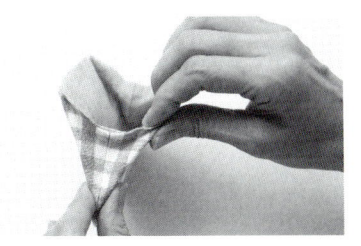

▶▶ **口金をはめる**

| 16 | 口金に合わせて、長いもの2本、短いもの4本に紙紐を切り分ける。丸、くし形などは、型紙に合わせて、V字の部分を目安に切り分けてもよい。

| 17 | 紙紐のよりを戻して広げる。破らないよう、ゆっくり丁寧に。

| 18 | 紙紐を巻いてより直す。ふわっと空気を含ませることで、口金の溝の形に紙紐がフィットして安定する。巻き直すことではみ出した両端は切りそろえておく。

| 19 | 口金の溝にボンドを入れる前に、リハーサル&イメージトレーニング。袋布がきちんと収まるかどうか確認する。

| 20 | どこか一カ所でよいので、口金の溝に袋布を入れた状態で、紙紐が入るかどうか、太さが適当かどうかをチェック。

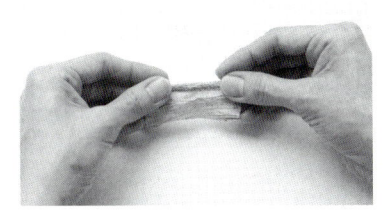

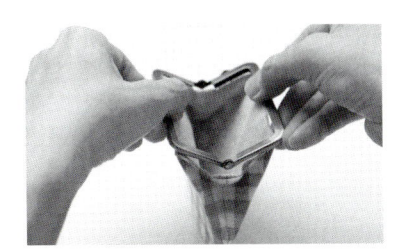

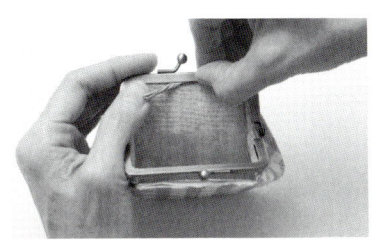

Option

厚地の場合など、口金の溝の隙間に対し、紙紐が太すぎてきつい場合には、縦に裂いて細くしてより直す。逆に紙紐が細すぎてゆるい場合には、2枚重ねて巻き直してから入れたりする。

Type A

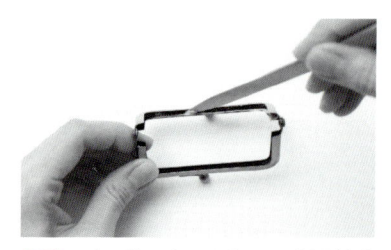

21 口金の溝にボンドを入れる。内側（裏布と接する面）と天に塗るように心がけること。ボンドはなるべく均一に、角の部分もきちんと。逆さまに立てて行うと作業しやすい。

22 両脇の縫い線をリベットの中心に合わせ、折り癖をしっかり保った状態で足の部分を入れる。

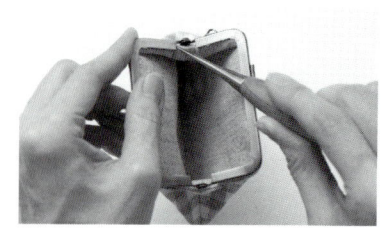

23 口金の端の角に引っかかって溝にきちんと入っていかないことがあるので、そういうときは目打ちを使って溝の奥まで押し込む。

24 袋布の端が口金の溝の奥までうまく入ったら、とりあえずリベット脇のところに紙紐を入れて押さえておいてもよい。

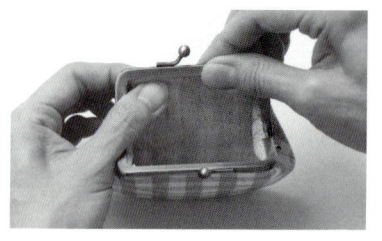

25 中央部分をはめる。脇からはめるか中央からはめるかは、ケースバイケース。中央のほうがやりやすかったら、それでもよい（私は最近脇からはめることが多いけれど）。

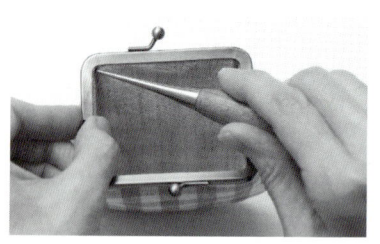

26 角の部分も、口金の端に布端が引っかかってしまうことがあるので、目打ちでしっかり奥まで誘導。

27 ときどき表から見て、V字の切り込みがはみ出ていないか、全体に曲がっていないかチェック。

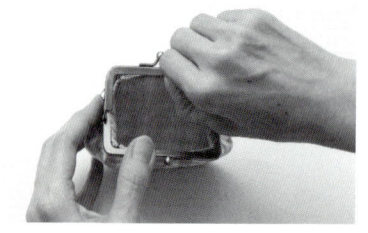

28 紙紐を入れていく。まず、リベット脇の部分で短い紙紐の一端を固定し、中央部分で長い紙紐を固定してから、角の部分に両方の紙紐の端を入れる。

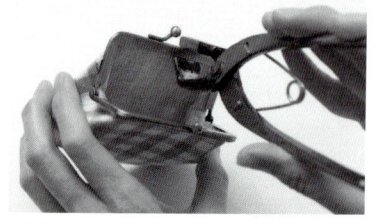

29 紙紐は、奥まで押し込みすぎないように注意（P.36参照）。親指の爪、あるいは差し込み用の器具やマイナスドライバーなどを使ってきれいに入れる。

30 紙紐を全部入れ終わったら、表側を見て、手を入れて口金の際を持ち上げるようにして膨らませ、形を整える。ボンドが乾くまで、口を開けたまましばらく放置。

Option

袋布が抜けるのが心配なときは、口金の内側のリベット脇の角のところだけを、つぶしやっとこ、またはペンチで軽くつぶしておく（P.36参照）。ペンチを使う場合、口金を傷つけないよう当て布を。

できあがり。

Type B 底をわで裁って二つ折りにするタイプ

縫うところはないので針と糸は使わず、ボンドで貼り合わせるだけ。貼り合わせるとき、底を曲げて癖づけするのがポイント。

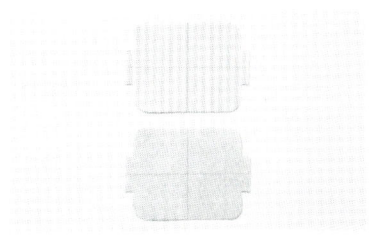

1 表布1枚、裏布1枚、接着芯を貼って裁断したところ。折り線は省略してもOK。縦横ともセンターラインは入れておく。

2 両脇の折り代にボンドを塗って貼る。

Option

胴芯を貼るときは、折り代部分をカットして周りを1mm小さく裁った厚紙などを、表と裏の間に挟む(P.36参照)。

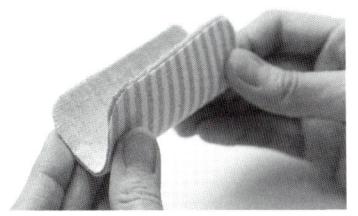

3 底の部分が自然に曲がるように折り癖をつけながら貼り合わせる。その際にできた差が大きければ、裏布のはみ出した部分を表布に合わせてカットする。

口金をはめて(P.39参照)、できあがり。

Type C まちのないフラットタイプ

表布、裏布ともに2枚ずつ裁ち、両脇と底を縫いますが、まちのないフラットタイプなので口金にはそのまますっとはめるだけ。縫いどまり位置できちんと縫いとめるのがポイント。

1 表布2枚、裏布2枚、接着芯を貼って裁断したところ。縫い線や折り線は省略してもOK。縫いどまり位置とセンターラインは入れておく。

2 表布2枚、裏布2枚をそれぞれ中表に合わせて周りを縫う。ミシンのゲージをガイドに、表は少し外側を、裏は少し内側を。両脇は、縫いどまりの位置できちんと縫いとめること。

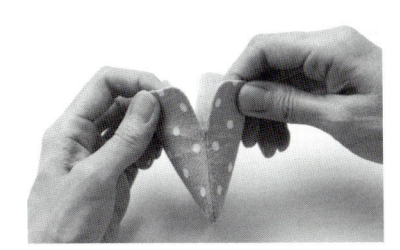

3 表袋を表に返して裏袋を中に入れ、口の周りにボンドを塗って貼り合わせる。両脇の縫い線を合わせて脇から貼る。

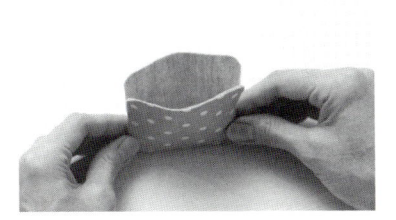

4 裏袋を底までしっかり中に重ね入れ、中央部分も貼り合わせる。

口金をはめて(P.39参照)、できあがり。

リネン刺繍地のフラットポーチ

Photo P.4　Pattern P.67 No.1

▓ サイズ　W22×H15cm

▓ 材料
表布(リネン刺繍地)：24×32cm
裏布(リネンチェック)：24×32cm
接着芯(表布・裏布用)：48×32cm
口金：幅16.5×6.5cm（CH-113・BN／タ）
根付：図参照

▓ 手順
基本の作り方 Type A（P.38）参照。

▓ 作り方のポイント
表布、裏布とも、脇の縫い代はきちんと割ること。厚地の場合は、縫い代の角をカットするとすっきりする。

▓ 布のはなし
表地は、ミシン刺繍が施されたリネン。面積が広くシンプルな形だけに、ちょっと凝った生地で作りたかったので。生地の素材感に合わせて、シェルパーツや革タッセルでボリュームのある根付を作り、アクセントにしました。

● 縫い代の始末

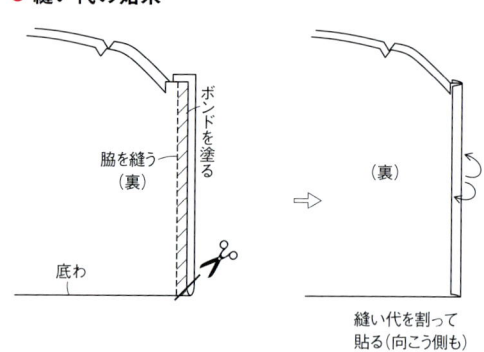

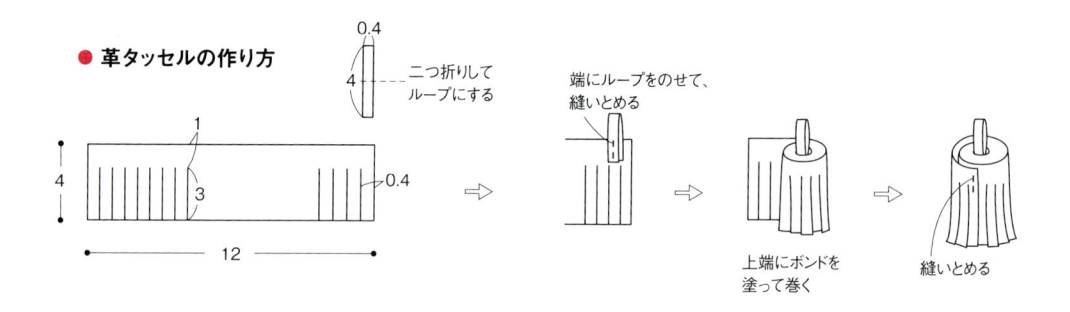

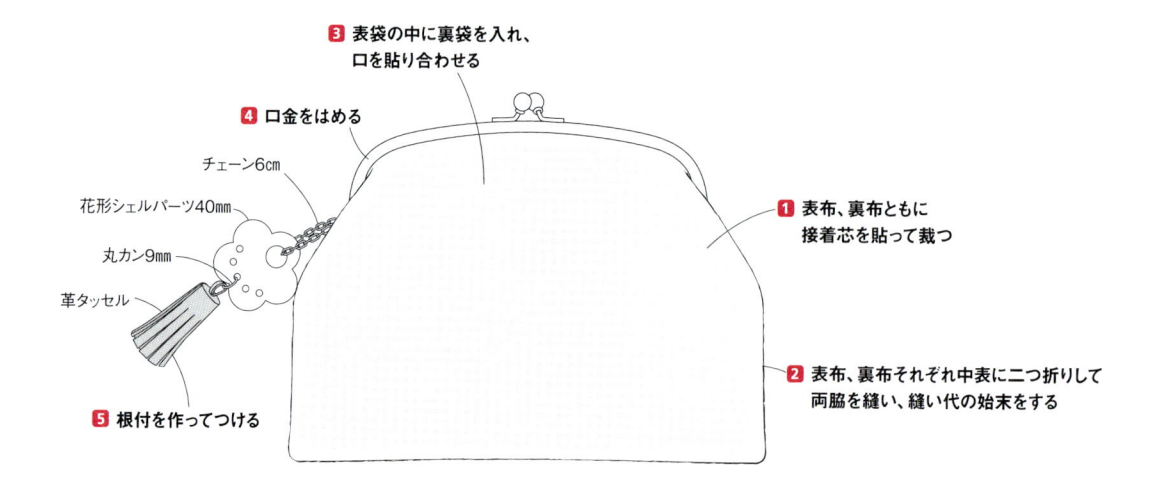

脇を縫う
(裏)
ボンドを塗る
底わ

(裏)
縫い代を割って貼る(向こう側も)

● 革タッセルの作り方

0.4
4
二つ折りしてループにする

4
1
3
0.4
12

端にループをのせて、縫いとめる

上端にボンドを塗って巻く

縫いとめる

❸ 表袋の中に裏袋を入れ、口を貼り合わせる
❹ 口金をはめる
チェーン6cm
花形シェルパーツ40mm
丸カン9mm
革タッセル
❺ 根付を作ってつける

❶ 表布、裏布ともに接着芯を貼って裁つ

❷ 表布、裏布それぞれ中表に二つ折りして両脇を縫い、縫い代の始末をする

ウールのまちつきポーチ

【小】
Photo P.5　Pattern P.67 No.2

▥ サイズ　W14.5×H8.5×D4cm

▥ 材料
表布(ネップツイード)：21×22cm
裏布(コットンストライプ)：21×22cm
接着芯(表布・裏布用)：42×22cm
口金：幅12×5.4cm(F-23・ATS／⊘)

【大】
Photo P.5　Pattern P.67 No.3

▥ サイズ　W14.5×H10.5×D4cm

▥ 材料
表布(ネップ入りヘリンボーン)：21×26cm
裏布(コットンストライプ)：21×26cm
接着芯(表布・裏布用)：42×26cm
口金：幅12×5.4cm(F-23・N／⊘)

▥ 手順
基本の作り方 Type A (P.38) 参照。

▥ 作り方のポイント
縫い代は、脇は割り、底は上へ片倒しする。ウールのように織り糸が太い厚地の場合は、表布と裏布の口を貼り合わせたあと、周りに端ミシンをかけておくと口金をはめやすい。紙紐の太さも調整して。

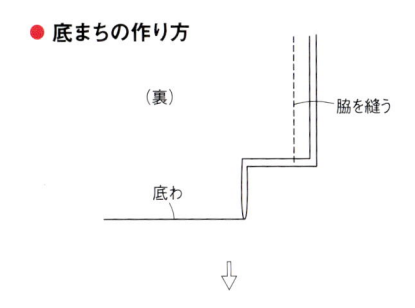

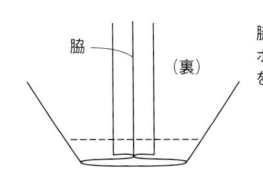

▥ 布のはなし
ツイードなどの冬素材でポーチを作るのも素敵です。大好きなヘリンボーンは、実際にコートを縫った生地の残り。ジャケットやコートとおそろいのポーチっていうのもおしゃれでしょ。

● 底まちの作り方

(裏)　脇を縫う
底わ

脇　(裏)　脇の縫い代を割ってボンドで貼り、底まちを縫う

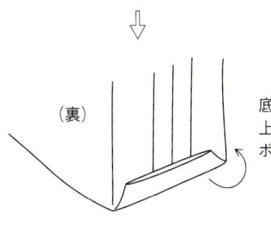

(裏)　底まちの縫い代を上に折り上げてボンドで貼る

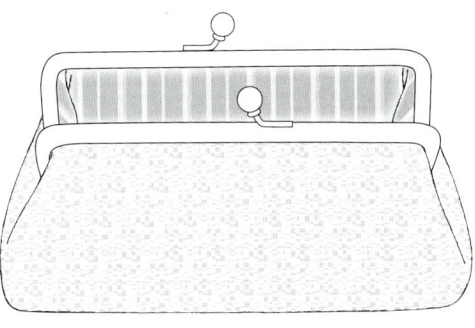

No.2

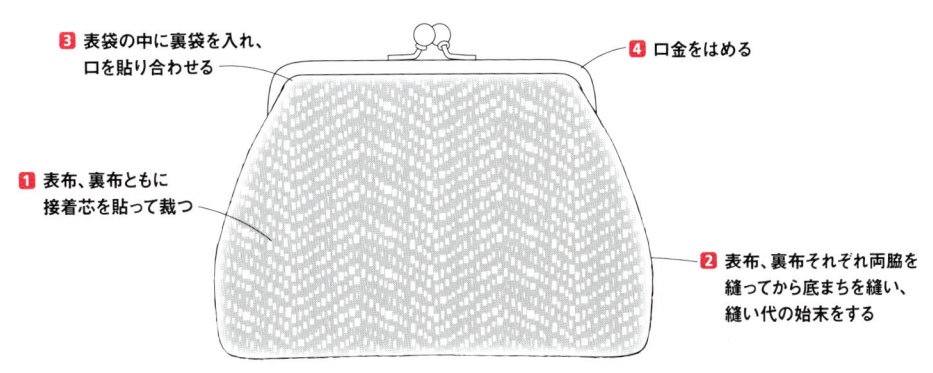

3 表袋の中に裏袋を入れ、口を貼り合わせる
4 口金をはめる
1 表布、裏布ともに接着芯を貼って裁つ
2 表布、裏布それぞれ両脇を縫ってから底まちを縫い、縫い代の始末をする

No.3

フィードサックのダーツ入りポーチ

Photo P.6　Pattern P.67　No.4

■ サイズ
W21×H16cm

■ 材料
表布（フィードサック）：24×36cm
裏布（ラミー無地）：24×36cm
接着芯（表布・裏布用）：48×36cm
口金：幅14.9×7cm（F-10・N／㋪）

■ 手順
基本の作り方 Type A（P.38）参照。

■ 作り方のポイント
表布、裏布それぞれ、ダーツを縫ってから中表に合わせて周りを縫う。ダーツを倒す方向は、表布と裏布で逆にすると厚みを分散できる。

■ 布のはなし
フィードサックやヴィンテージのプリントなど貴重なお気に入りの生地を活用するのにも、がまぐちは最適。シミや穴がないかよくチェックしてから裁断を。あったらダーツの中にうまく隠したりなど、工夫して。

● ダーツの縫い代の倒し方

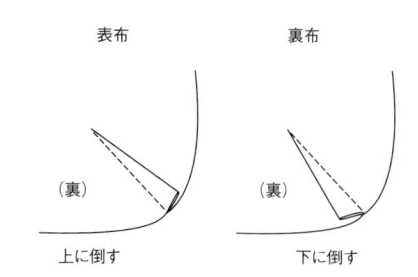

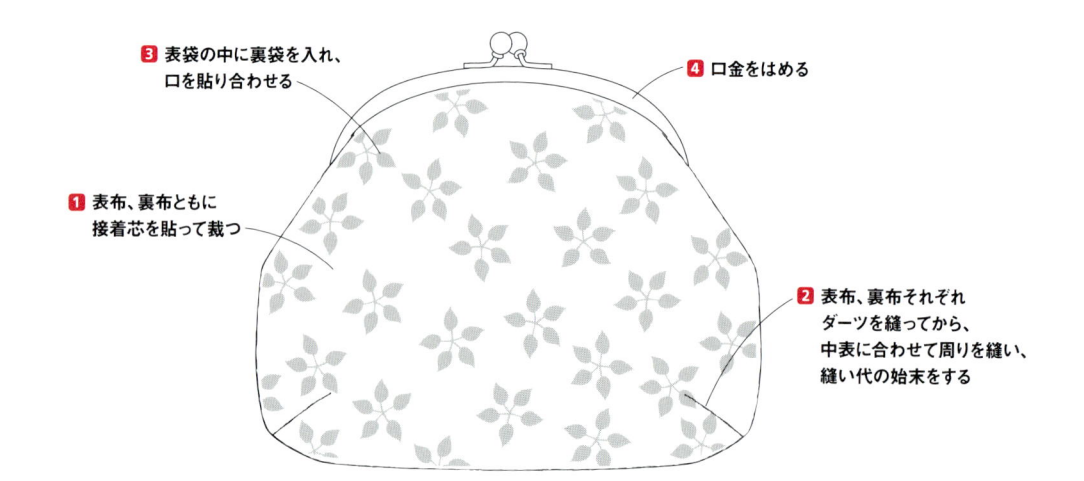

表布　　　　裏布

（裏）　　　（裏）

上に倒す　　下に倒す

1 表布、裏布ともに接着芯を貼って裁つ

2 表布、裏布それぞれダーツを縫ってから、中表に合わせて周りを縫い、縫い代の始末をする

3 表袋の中に裏袋を入れ、口を貼り合わせる

4 口金をはめる

着物地のギャザーポーチ

Photo P.7　Pattern P.67　No.5

サイズ
W17×H12cm

材料
表布(a：黄八丈、b：銘仙、c：大島)：各25×30cm
裏布(コットンシャンブレー)：各25×30cm
接着芯(表布・裏布用)：各50×30cm
口金：幅12.5×5cm（CH-106　a：G、b：B、c：AC／タ）
根付：図参照

手順
基本の作り方 Type A（P.38）参照。

作り方のポイント
ギャザーは、粗ミシンをかけて糸を引き、口金の長さに合うまで縮める。その後、アイロンで押さえて端ミシンをかけておくとギャザーが落ち着くので、口金をはめやすくなる。

布のはなし
古い着物地の端切れ（＝ジャパニーズ・ヴィンテージ・シルク）を使って。口元にギャザーを寄せるデザインは、薄手の生地のほうが向いています。渋くなりすぎないように、根付はフェルト玉にしてみました。

● ギャザーの寄せ方

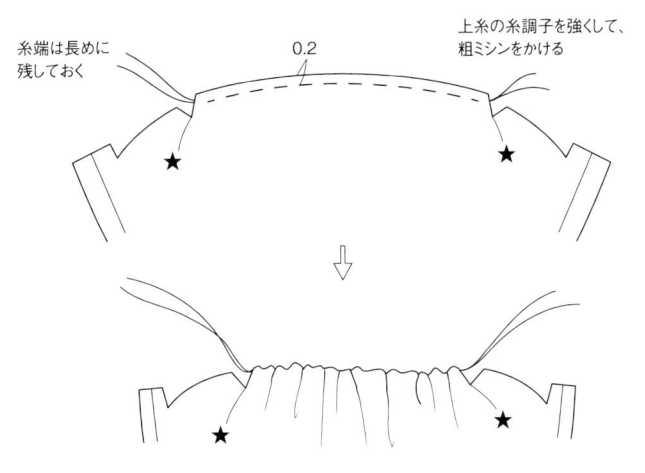

糸端は長めに残しておく　　0.2　　上糸の糸調子を強くして、粗ミシンをかける

糸を引いて、★と★の間が8.5cmになるまでギャザーを寄せながら縮める

端ミシンで押さえる

羊毛フェルトで作ったボール　丸カン6mm
2.5cm

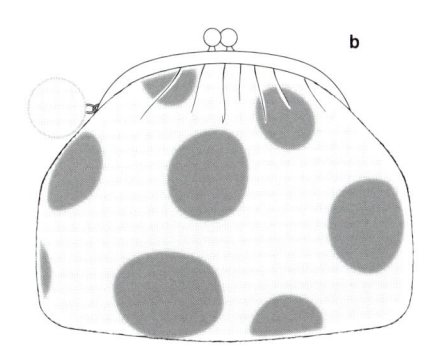

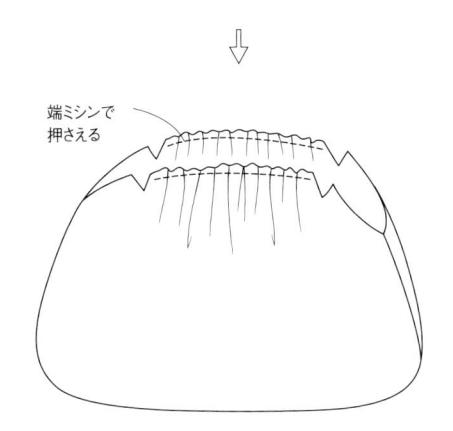

a

b

c

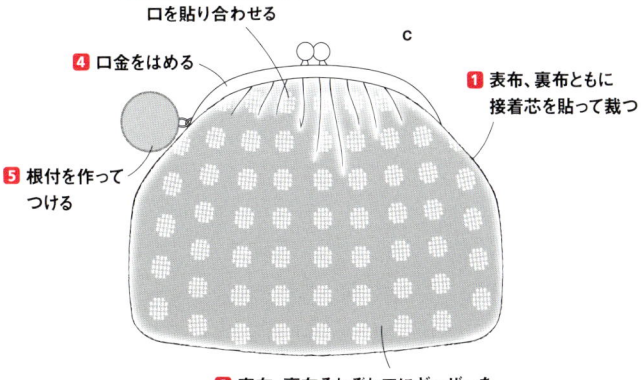

3 表袋の中に裏袋を入れ、口を貼り合わせる
4 口金をはめる
5 根付を作ってつける
1 表布、裏布ともに接着芯を貼って裁つ
2 表布、裏布それぞれ口にギャザーを寄せてから、中表に2枚合わせて周りを縫い、縫い代の始末をする

横まちのポーチ

【小】
Photo P.8　Pattern P.68　No.6

■ サイズ　W11×H8×D3.5cm

■ 材料
表布A（胴用／ギンガムサッカー地）：18×18cm（正バイアス）
表布B（まち用／リネン水玉）：8×17cm
裏布（コットンギンガム）：20×19cm
接着芯（表布・裏布用）：20×38cm
口金：幅7.6×3.8cm（F18・N／⑦）
根付：図参照

【大】
Photo P.8　Pattern P.68　No.7

■ サイズ　W22×H12×D6cm

■ 材料
表布A（胴用／ギンガムサッカー地）：31×31cm（正バイアス）
表布B（まち用／リネン水玉）：10×27cm
裏布（コットンギンガム）：32×28cm
接着芯（表布・裏布用）：32×56cm
口金：幅16.5×5cm（N／⑦）

■ 手順
基本の作り方 Type A（P.38）参照。

■ 作り方のポイント
胴とまちをつなぐときには、胴側のカーブの部分の縫い代に切り込みを入れて合い印をきちんと合わせ、胴の側から見て縫うこと。

■ 布のはなし
ギンガムのサッカー地は、昔ワンピースを作った残りの生地。同系のパープルの細かい水玉のリネンを組み合わせてみました。ギンガムはバイアス使いだけど、芯を貼ってから裁てば大丈夫。

● 胴とまちのつなぎ方

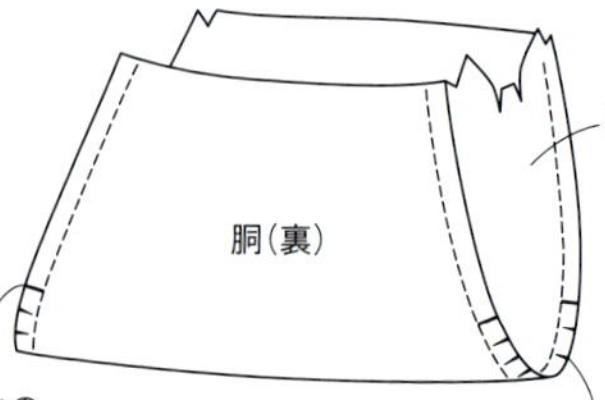

まち（裏）
胴（裏）
胴とまちの合い印を合わせる
胴側のカーブの部分に切り込みを入れる

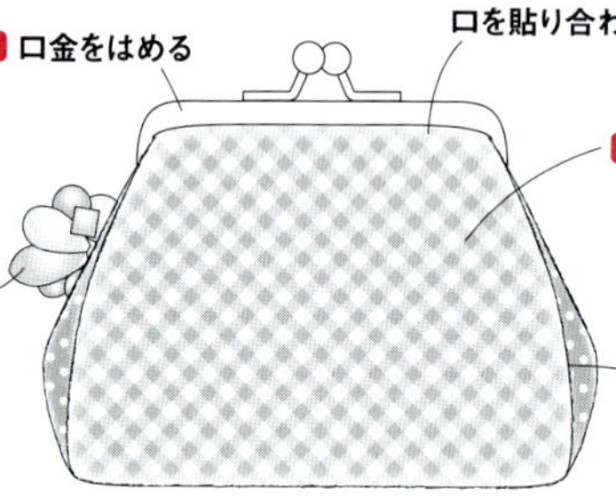

3 表袋の中に裏袋を入れ、口を貼り合わせる
4 口金をはめる
1 表布、裏布ともに接着芯を貼って裁つ
5 根付を作ってつける
2 表布、裏布それぞれ胴とまちを中表に合わせて縫い、縫い代の始末をする

No.6

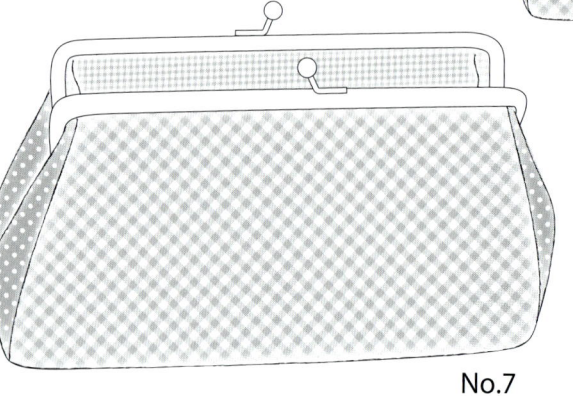

No.7

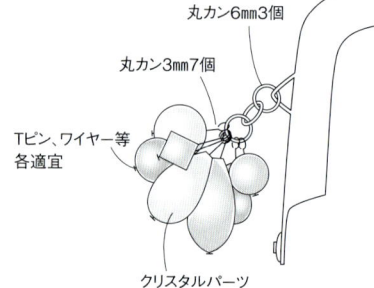

丸カン6mm3個
丸カン3mm7個
Tピン、ワイヤー等各適宜
クリスタルパーツ各種7個

通しまちのポーチ

布のはなし
好きな定番生地のひとつ、ヒッコリー・ストライプ・デニムの、中でも好きな茶系の2種類を組み合わせて。ストライプは、縦に使うか横に使うかで印象が変わります。

【小】
Photo P.9　Pattern P.68　No.8

サイズ
W11×H8×D3.5cm

材料
表布A（胴用／生成×茶のヒッコリー）：17×12cm（横地）
表布B（まち用／茶×生成のヒッコリー）：25×8cm（横地）
裏布（コットン無地）：25×15cm
接着芯（表布・裏布用）：25×30cm
口金：幅7.6×3.8cm（F18・ATS／ツ）
ストラップ：図参照

【大】
Photo P.9　Pattern P.68　No.9

サイズ
W22×H12×D6cm

材料
表布A（胴用／生成×茶のヒッコリー）：22×27cm
表布B（まち用／茶×生成のヒッコリー）：43×10cm（横地）
裏布（コットン無地）：43×23cm
接着芯（表布・裏布用）：43×46cm
口金：幅16.5×5cm（AG／ア）

手順
基本の作り方 Type A（P.38）参照。

作り方のポイント
胴とまちをつなぐときには、まち側のカーブの部分の縫い代に切り込みを入れて合い印をきちんと合わせ、まちの側から見て縫うこと。

● 胴とまちのつなぎ方

まち（裏）　胴（裏）

まち側のカーブの部分に切り込みを入れる

胴とまちの合い印を合わせる

1 表布、裏布ともに接着芯を貼って裁つ

2 表布、裏布それぞれ胴とまちを中表に合わせて縫い、縫い代の始末をする

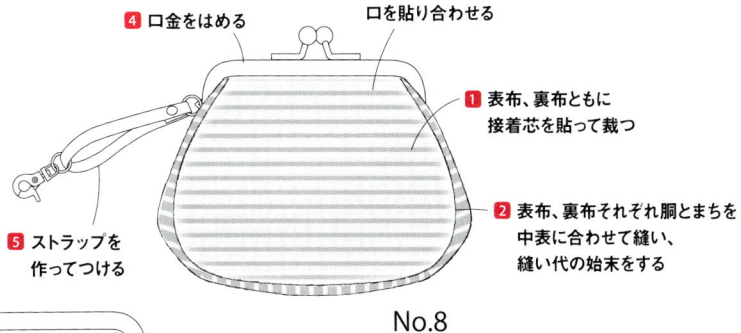

3 表袋の中に裏袋を入れ、口を貼り合わせる

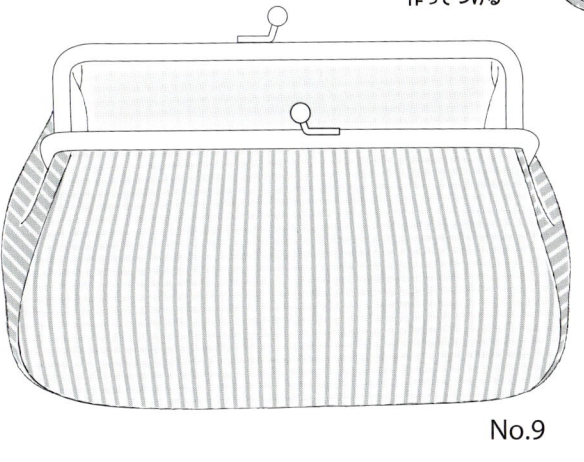

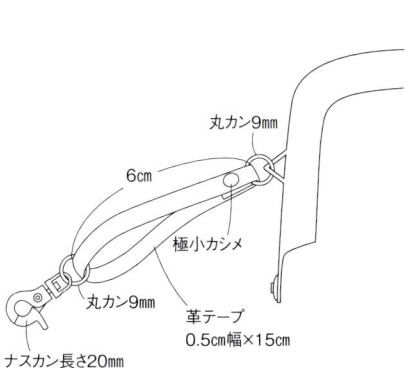

4 口金をはめる

5 ストラップを作ってつける

No.8

No.9

丸カン9mm
6cm
極小カシメ
丸カン9mm
革テープ 0.5cm幅×15cm
ナスカン長さ20mm

香箱形ポーチ

【小】
Photo P.10　Pattern P.69 No.10

サイズ
W9×H6.5×D8cm

材料
表布(麻生平)赤、茶：各19×12cm
裏布(コットンギンガム)：19×24cm
接着芯(表布・裏布用)：38×24cm
口金：幅6×4.5cm(F17・N／⑨)
根付：図参照

【大】
Photo P.10　Pattern P.69 No.11

サイズ
W13×H9.5×D12cm

材料
表布(麻生平)赤、茶：各27×17cm
裏布(コットンギンガム)：27×34cm
接着芯(表布・裏布用)：54×34cm
口金：幅9×6.1cm(F21・N／⑨)
根付：図参照

手順
基本の作り方 Type A(P.38)参照。

作り方のポイント
表布、裏布、それぞれ胴とまちの4枚をつなぐときには、カーブの部分の合い印をきちんと合わせて縫うこと。4枚が合わさる底中心の部分は、先端で縫いとめて先の縫い代をフリーにしておくと、きれいに処理できる。

布のはなし
この生地は、韓国土産にいただいた麻生平。苧麻(=ラミー)独特の風合いと、鮮やかな色が魅力。根付につけたくるみボタンは、裁ち落とした端切れで作りました。

● 胴とまちのつなぎ方

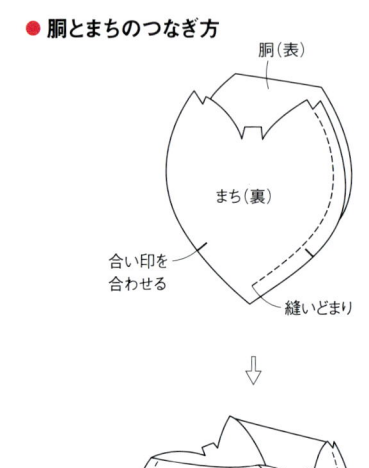

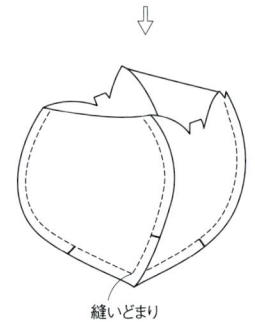

胴(表)
まち(裏)
合い印を合わせる
縫いどまり

縫いどまり

No.10

丸カン10mm 1個
丸カン6mm 3個
くるみボタン台
20mm 1個
11mm 3個

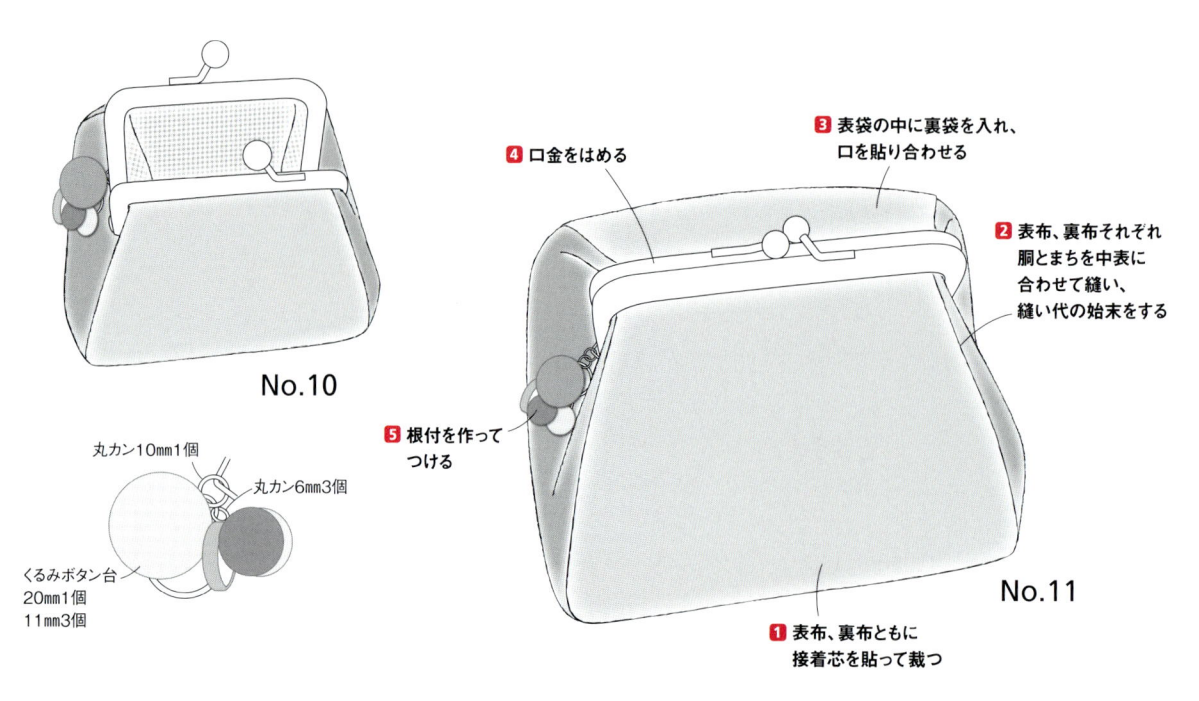

4 口金をはめる
3 表袋の中に裏袋を入れ、口を貼り合わせる
2 表布、裏布それぞれ胴とまちを中表に合わせて縫い、縫い代の始末をする
5 根付を作ってつける
1 表布、裏布ともに接着芯を貼って裁つ

No.11

横長ボックスポーチ

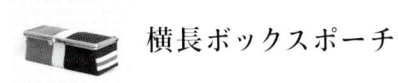

Photo P.11　**P**attern P.69　No.12

サイズ
W15×H4.5×D5.5cm

材料
表布（マルチストライプ）：27×22cm
裏布（リバティプリント）：27×22cm
接着芯（表布・裏布用）：27×44cm
口金：幅15.1×6cm（F24・ATS／⊙）

手順
基本の作り方 Type A（P.38）参照。

作り方のポイント
実物大型紙の中に引いてある複数の線は、接着芯に写しておいて布に貼ってから、へらでなぞると、丸みのあるきれいな折り癖がつけられる。側面上部の口金側の縫いどまり位置（＝合い印）に注意して、合い印を合わせて縫うこと。縫いどまり位置できちんととめずに縫いすぎてしまうと、口金にはめられなくなるので注意して。

布のはなし
南仏の生地・LES TOILES DU SOLEIL の端切れで。しっかり角が立ったボックス形をキープするには厚手の丈夫な生地が適していますが、裏地には薄手の生地を選びましょう。

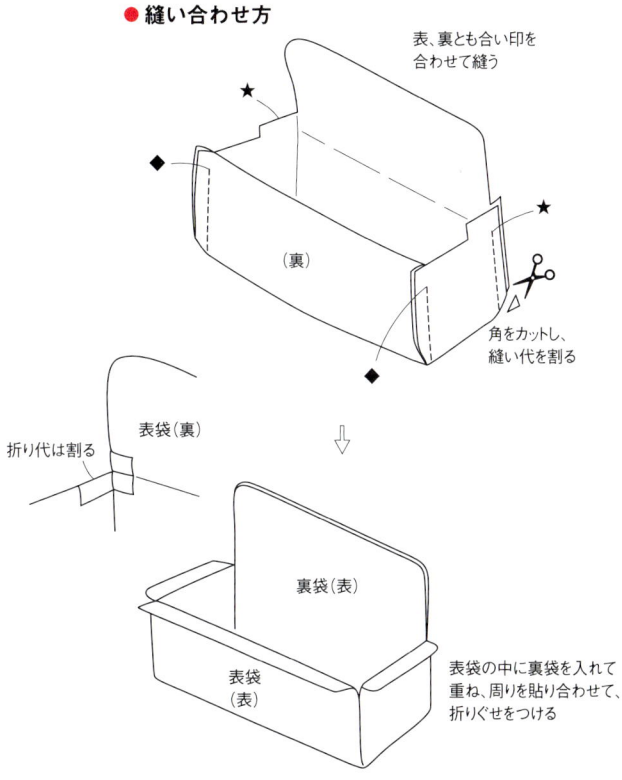

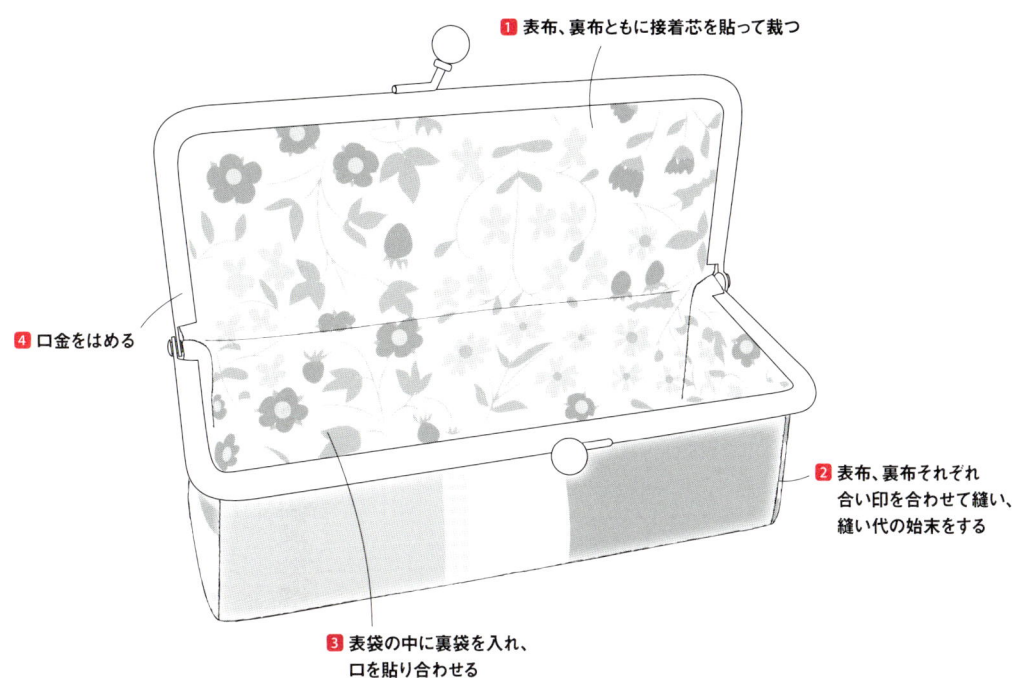

● 縫い合わせ方

表、裏とも合い印を合わせて縫う

（裏）

角をカットし、縫い代を割る

折り代は割る

表袋（裏）

裏袋（表）

表袋（表）

表袋の中に裏袋を入れて重ね、周りを貼り合わせて、折りぐせをつける

1 表布、裏布ともに接着芯を貼って裁つ

4 口金をはめる

2 表布、裏布それぞれ合い印を合わせて縫い、縫い代の始末をする

3 表袋の中に裏袋を入れ、口を貼り合わせる

印鑑ケース

Photo P.14　**P**attern P.70　No.13

▓ サイズ　W8.5×H3.5cm

▓ 材料
表布(更紗):10×8cm(本体)、2.5×2.5cm(朱肉の飾り布分)
裏布(コットンシャンブレー):10×8cm
接着芯(表布・裏布用):10×15cm
ドミット芯:1.5×1.5cm(朱肉の飾り布分)
口金:幅8.4×3.3cm(F20・N／㋺)
根付:図参照

▓ 手順
基本の作り方 Type B (P.41) 参照。

▓ 布のはなし
表地は、大切に持っていた更紗の小さな端切れです。裏地は、つるっと拭けるコーティング地を使うか、あるいは赤い生地にしておくと、朱肉の汚れがついても目立たないですよ。朱肉の根付はお好みで。でも下げておくと便利。

● **朱肉の飾り布のつけ方**

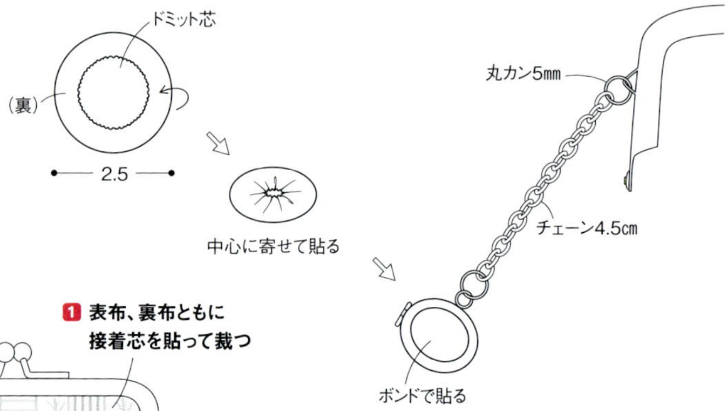

ドミット芯
(裏)
2.5
中心に寄せて貼る

丸カン5mm
チェーン4.5cm
ボンドで貼る

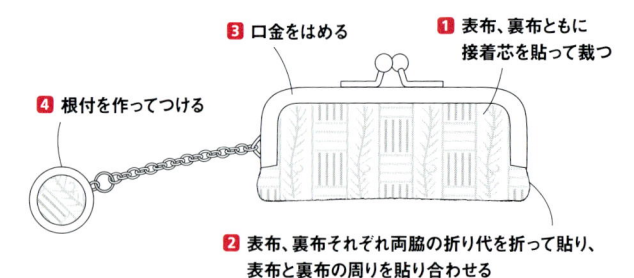

3 口金をはめる
1 表布、裏布ともに接着芯を貼って裁つ
4 根付を作ってつける
2 表布、裏布それぞれ両脇の折り代を折って貼り、表布と裏布の周りを貼り合わせる

扇子ケース

Photo P.14　**P**attern P.70　No.14

▓ サイズ　W21×H4.8cm

▓ 材料
表布(更紗):23×10cm
裏布(コットンシャンブレー):23×10cm
接着芯(表布・裏布用):23×20cm
口金:幅21.1×4.4cm(扇子入れ・ATS／㋺)

▓ 手順
基本の作り方 Type B (P.41) 参照。

▓ 布のはなし
扇子入れを作ってから、それに合う扇子を探すか、手持ちの扇子に合わせて生地を選ぶか、迷うところ。これも更紗の端切れで作りました。合う扇子を探さなくちゃ。

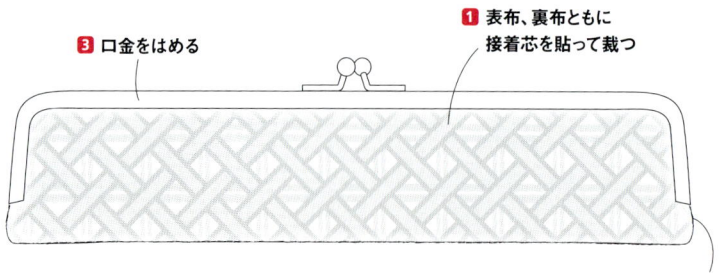

3 口金をはめる
1 表布、裏布ともに接着芯を貼って裁つ
2 表布、裏布それぞれ両脇の折り代を折って貼り、表布と裏布の周りを貼り合わせる

箸ケース

Photo P.14　**Pattern** P.70　No.15

▓ サイズ　W24×H4cm

▓ 材料
表布(更紗):26×8cm
裏布(コットンシャンブレー):26×8cm
接着芯(表布・裏布用):26×16cm
口金:幅24.2×3.4cm (F66・ATS／♡)

▓ 手順
基本の作り方 Type B (P.41) 参照。

▓ 布のはなし
これも古い更紗。昔、鼻緒を作っただけでしまってあったもの。細長い端切れしか残っていなくても、これなら立派に生かせます。

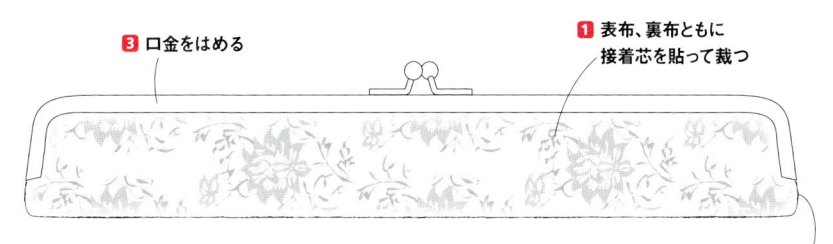

3 口金をはめる

1 表布、裏布ともに接着芯を貼って裁つ

2 表布、裏布それぞれ両脇の折り代を折って貼り、表布と裏布の周りを貼り合わせる

眼鏡ケース

Photo P.15　**Pattern** P.70　No.16

▓ サイズ　W17.5×H6.5cm

▓ 材料
表布(会津木綿):20×13cm
裏布(リバティプリント):20×13cm
接着芯(表布・裏布用):20×26cm
口金:幅17.5×5.5cm (F33・ATS／♡)

▓ 手順
基本の作り方Type B (P.41)参照。

▓ 作り方のポイント
口金をはめるときには、左右の中央(ふたつのカーブの谷間)の位置がずれないように注意。柄のある生地ならそれを目印にできます。
もっとボリュームのある眼鏡を入れたいなら、袋部分をもう少し下に延長して、Type C (P.41を参照)の仕立て方でどうぞ。

▓ 布のはなし
表地に使ったのは、きれいな色の縞が素敵な会津木綿。裏はリバティプリント。福島×英国です。表と裏にまったく違うタイプの生地を使うのもおもしろいものです。

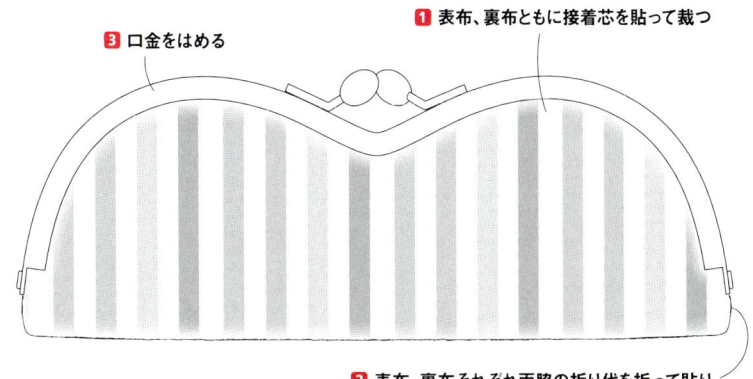

3 口金をはめる

1 表布、裏布ともに接着芯を貼って裁つ

2 表布、裏布それぞれ両脇の折り代を折って貼り、表布と裏布の周りを貼り合わせる

ソーイングケース

Photo P.16　Pattern P.70　No.17

■ サイズ　W9×H6cm

■ 材料
表布（コットンプリント）：11×14cm
内布（オックスフォード無地）：14×11cm
ポケット・ピンクッション用布（ハーフリネンチェック）：14×13cm
接着芯（表布・内布・ポケット布用）：33×14cm
羊毛フェルト（ピンクッションの中身用）：適宜
口金：幅9×6.1cm（F21・N／☻）
根付：図参照

■ 手順
基本の作り方 Type B（P.41）参照。

■ 作り方のポイント
内布とポケット布は、それぞれ片方ずつ、リベット脇の折り代が余分になるのでカットする。
内布に、ポケット布を縫いとめ、ピンクッションもつけてから、表布と裏布を貼り合わせて口金をはめる。

■ 布のはなし
たまたまこんなプリント地があったから、という理由で作ってしまいました。この際だから、根付も遊んでしまおう。ここにボタンを下げておけば、いざというときに役に立つはずだし。

● ピンクッションの作り方

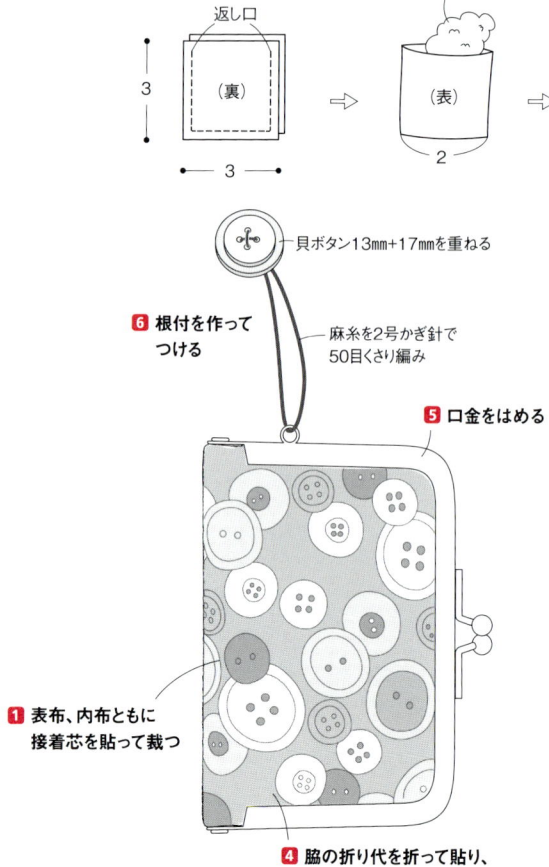

羊毛フェルト

返し口をまつる

1 表布、内布ともに接着芯を貼って裁つ

2 ポケット布を二つに折って内布にのせ、周りと仕切りを縫う

3 ピンクッションを作ってまつりつける

4 脇の折り代を折って貼り、表布と内布の周りを貼り合わせる

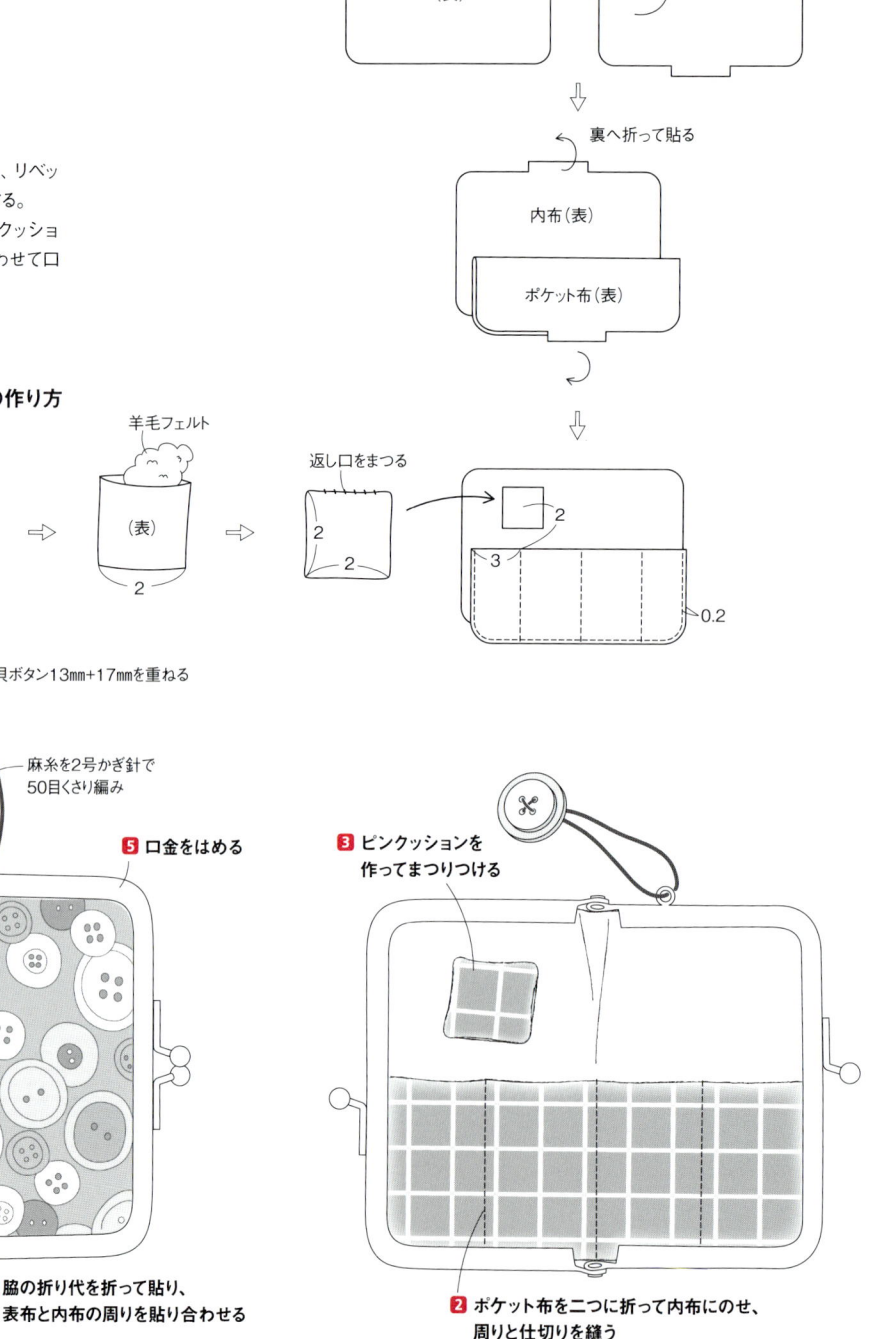

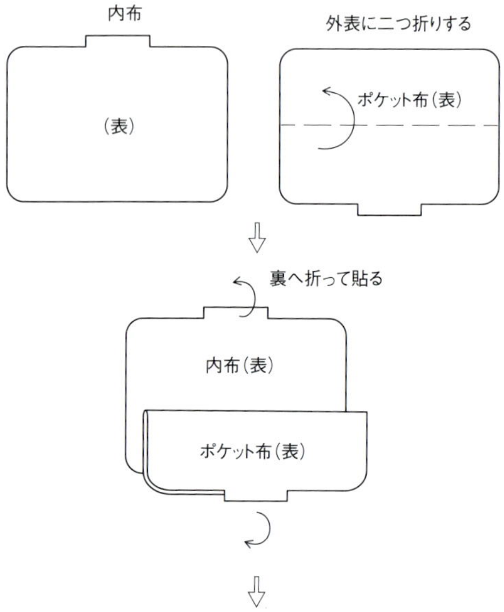

5 口金をはめる

6 根付を作ってつける

貝ボタン13mm+17mmを重ねる
麻糸を2号かぎ針で50目くさり編み

52

ニッティングニードルケース

Photo P.16　Pattern P.70 No.18

■ サイズ　W21.5×H10cm

■ 材料
表布(カツラギストライプ)：23×21cm
内布(シルク無地)：21×23cm
ポケット・はさみ&針ホルダー用布(リバティプリント)：21×27cm
接着芯(表布・内布・ポケット布用)：67×23cm
口金：幅21.5×9.5cm(N/⑦)
根付：図参照

■ 作り方のポイント
針ホルダーと、はさみホルダーも接着芯を貼ってから縫う。内布とポケット布は、それぞれ片方ずつ、リベット脇の折り代が余分になるのでカットする。
内布に、ポケット布、とじ針&まち針ホルダー、はさみホルダーをのせ、周りの縫い代に縫いとめてから、表布と内布を貼り合わせて口金をはめる。

■ 布のはなし
そしてまた、たまたまこんなリバティプリントの端切れがあったので、こんなものも作ってみました。編み玉の根付は、とじ針&まち針刺しにもなります。ポケットの仕切りなど、内側のカスタマイズはお好みでどうぞ。

● 編み玉の編み方

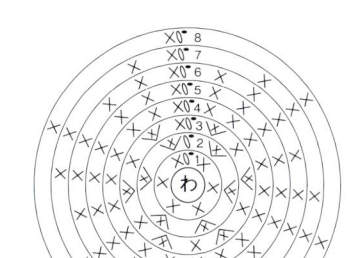

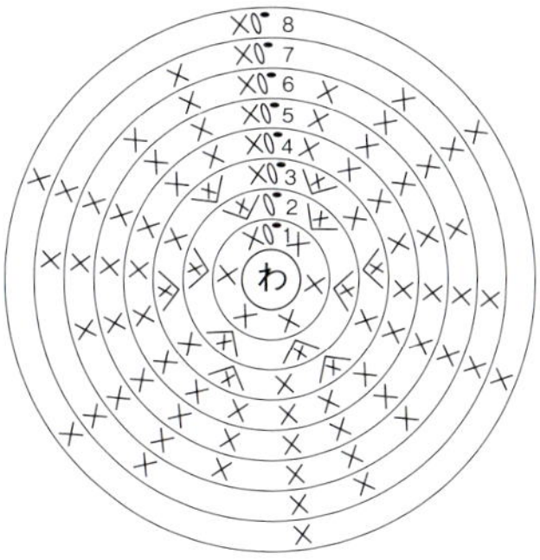

● はさみホルダーの作り方

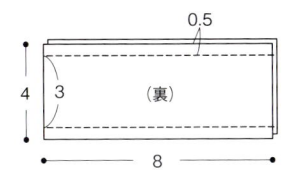

2枚を中表に合わせて両端にミシン

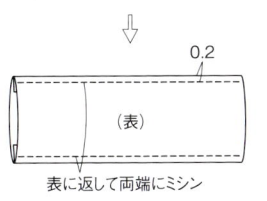

表に返して両端にミシン

二つ折りしてのせ、縫う

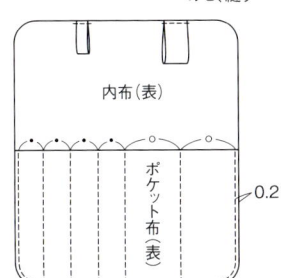

● 針ホルダーの作り方

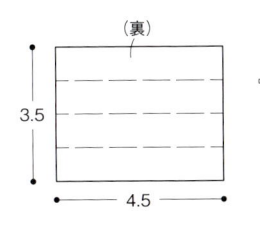

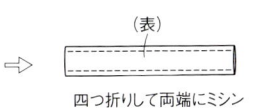

四つ折りして両端にミシン

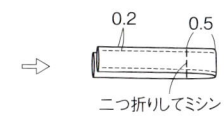

二つ折りしてミシン

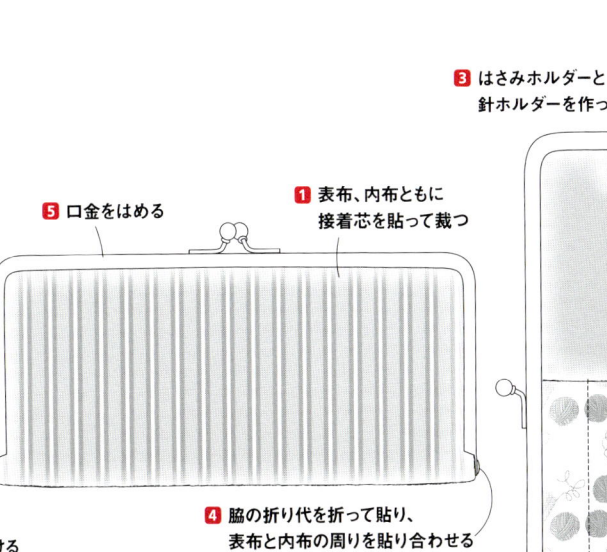

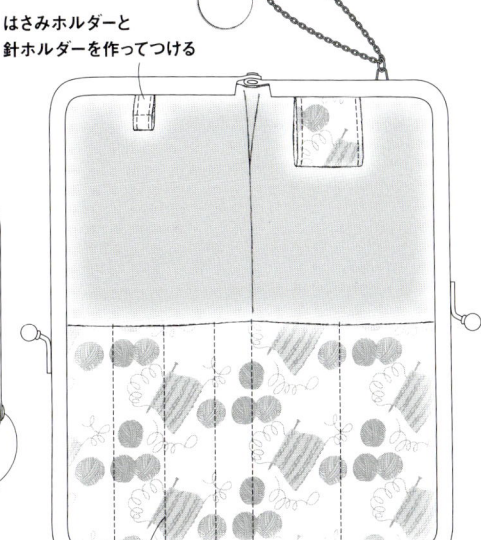

5 口金をはめる
1 表布、内布ともに接着芯を貼って裁つ
4 脇の折り代を折って貼り、表布と内布の周りを貼り合わせる
6 根付を作ってつける
3 はさみホルダーと針ホルダーを作ってつける
2 ポケット布を二つに折って内布にのせ、周りと仕切りを縫う

丸カン9mm
チェーン10cm
丸カン6mm
編み玉

正方形のコインケース

Photo P.18　Pattern P.71　No.19

布のはなし
ストライプとドットのダブルフェイスの生地だったのでどっち面を使うか迷ったけれど、ストライプ側を採用。もちろんドット側でもよかったし、横縞の可能性もありました。迷うのも楽しい。

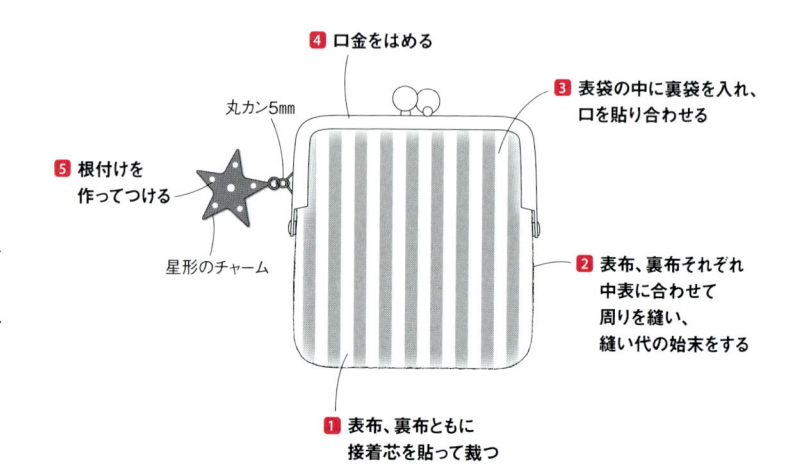

サイズ　W7.5×H7.5cm

材料
表布(ハーフリネンストライプ)：18×9cm
裏布(リネン無地)：18×9cm
接着芯(表布・裏布用)：18×18cm
口金：幅7.5×3.5cm (CH-110・AS／⑨)
根付：図参照

手順
基本の作り方 Type C (P.41) 参照。

作り方のポイント
2枚を中表に合わせて縫うときは、脇のあきどまりからあきどまりまでで縫いとめる。
底のカーブの部分は、縫い代に切り込みを入れてきちんと処理する。

4 口金をはめる
3 表袋の中に裏袋を入れ、口を貼り合わせる
丸カン5mm
5 根付けを作ってつける
星形のチャーム
2 表布、裏布それぞれ中表に合わせて周りを縫い、縫い代の始末をする
1 表布、裏布ともに接着芯を貼って裁つ

カードケース

Photo P.18　Pattern P.71　No.20

布のはなし
この生地はすごく昔から持っていて、折に触れ何かと登場してきます。アジアンテイストの生地でも濃すぎないので、使いやすいのだろうと思います。根付の新聞紙玉も、パーツ屋さんで見かけたのをまねて自作したもの。

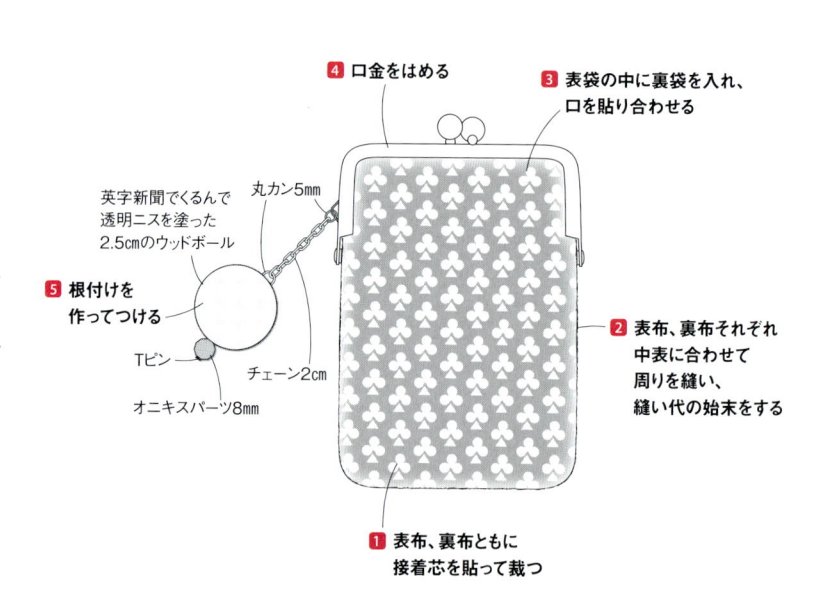

サイズ　W7.5×H10.5cm

材料
表布(インド綿プリント)：18×12cm
裏布(リネン無地)：18×12cm
接着芯(表布・裏布用)：18×24cm
口金：幅7.5×3.5cm (CH-110・AS／⑨)
根付：図参照

手順
基本の作り方 Type C (P.41) 参照。

作り方のポイント
2枚を中表に合わせて縫うときは、脇のあきどまりからあきどまりまでで縫いとめる。
底のカーブの部分は、縫い代に切り込みを入れてきちんと処理する。

4 口金をはめる
3 表袋の中に裏袋を入れ、口を貼り合わせる
英字新聞でくるんで透明ニスを塗った2.5cmのウッドボール
丸カン5mm
5 根付けを作ってつける
Tピン
チェーン2cm
オニキスパーツ8mm
2 表布、裏布それぞれ中表に合わせて周りを縫い、縫い代の始末をする
1 表布、裏布ともに接着芯を貼って裁つ

縦長ペンケース

Photo P.18　**Pattern** P.71　No.21

サイズ　W7.5×H18cm

材料
表布（オックスフォードプリント）：18×19cm
裏布（リネン無地）：18×19cm
接着芯（表布・裏布用）：36×19cm
口金：幅7.5×3.5cm（CH-110・AS／タ）
根付：図参照

手順
基本の作り方 Type C（P.41）参照。

作り方のポイント
2枚を中表に合わせて縫うときは、脇のあきどまりからあきどまりまでで縫いとめる。
底のカーブの部分は、縫い代に切り込みを入れてきちんと処理する。

布のはなし
端切れの詰まった引き出しの中から発掘した綿プリント。縦長のものを作るにはちょうどいい柄だったので。この柄に触発されて、根付のチャームも生まれました。

4 口金をはめる
3 表袋の中に裏袋を入れ、口を貼り合わせる
丸カン5mm
シェルパーツ
ガラスパーツ
9ピンでつなぐ
Tピン
5 根付けを作ってつける
2 表布、裏布それぞれ中表に合わせて周りを縫い、縫い代の始末をする
1 表布、裏布ともに接着芯を貼って裁つ

アクセサリーケース

Photo P.19　**Pattern** P.71　No.22

サイズ　W8.5×H7.5×D3cm

材料
表布（リネン水玉プリント）：26×11cm
裏布（リネン無地）：26×11cm
接着芯（表布・裏布用）：26×22cm
口金：幅7.5×3.5cm（CH-110・BN／タ）
根付：図参照

手順
基本の作り方 Type A（P.38）参照。

作り方のポイント
縫い代は脇も底も割る。底まちの縫い方はウールのまちつきポーチ（P.43）参照。

布のはなし
亜麻色に赤の細かい水玉プリント。生地の柄を眺めているうちに、ウッドビーズをつないだ根付もできてしまいました。

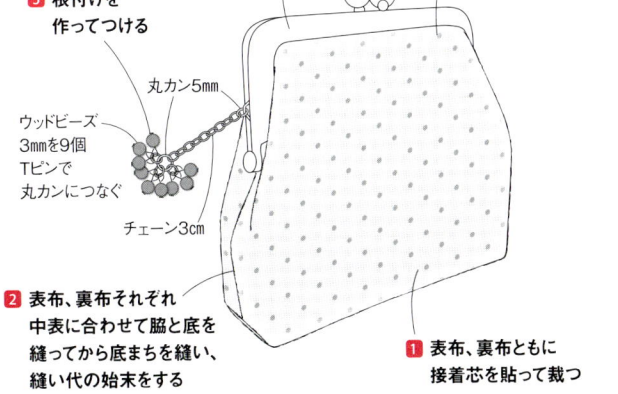

4 口金をはめる
3 表袋の中に裏袋を入れ、口を貼り合わせる
5 根付けを作ってつける
丸カン5mm
ウッドビーズ3mmを9個Tピンで丸カンにつなぐ
チェーン3cm
2 表布、裏布それぞれ中表に合わせて脇と底を縫ってから底まちを縫い、縫い代の始末をする
1 表布、裏布ともに接着芯を貼って裁つ

シガレットケース

Photo P.19　**P**attern P.71　No.23

▌サイズ　W8×H10.5×D2.5cm

▌材料
表布(コットン千鳥格子)：28×13cm
裏布(リネン無地)：28×13cm
接着芯(表布・裏布用)：28×26cm
口金：幅7.5×3.5cm（CH-110・BN ／㋟）
根付：図参照

▌手順
基本の作り方 Type A (P.38) 参照。

▌作り方のポイント
縫い代は脇も底も割る。底まちの縫い方はウールのまちつきポーチ (P.43) 参照。

▌布のはなし
千鳥格子の向きが逆なのは、じつはこの生地、起毛素材だったから。裏返して使った結果、千鳥のくちばしが左上になってしまいました。上向いてるから、まぁいいや、ということで。

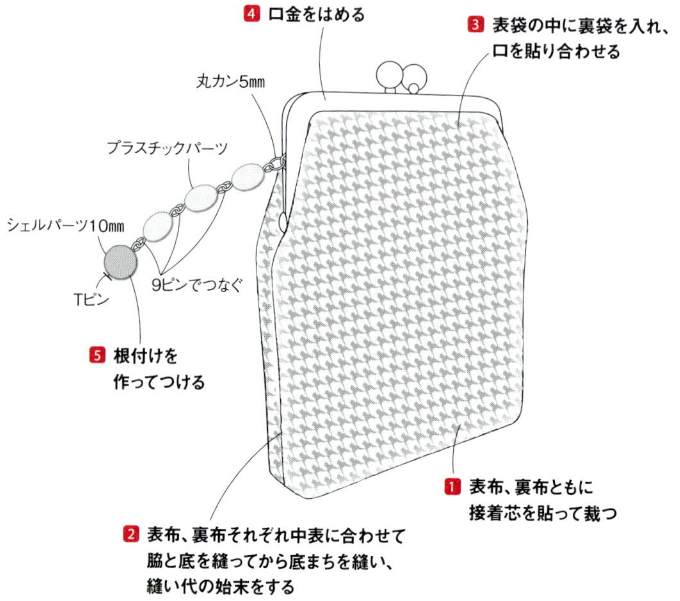

4 口金をはめる
丸カン5mm
プラスチックパーツ
シェルパーツ10mm
Tピン
9ピンでつなぐ

5 根付けを作ってつける

3 表袋の中に裏袋を入れ、口を貼り合わせる

1 表布、裏布ともに接着芯を貼って裁つ

2 表布、裏布それぞれ中表に合わせて脇と底を縫ってから底まちを縫い、縫い代の始末をする

サングラスケース

Photo P.19　**P**attern P.71　No.24

▌サイズ　W7.5×H18×D1.5cm

▌材料
表布(リネンストライプ)：26×20cm
裏布(リネン無地)：26×20cm
接着芯(表布・裏布用)：26×40cm
口金：幅7.5×3.5cm（CH-110・BN ／㋟）
根付：図参照

▌手順
基本の作り方 Type A (P.38) 参照。

▌作り方のポイント
縫い代は脇も底も割る。底まちの縫い方はウールのまちつきポーチ (P.43) 参照。

▌布のはなし
これは、バッグなどを作った残りの端切れ。ストライプを2枚つなぐときは、底の柄合わせに気をつけて。続けて取れるなら、底をわにして裁ってももちろんOK。

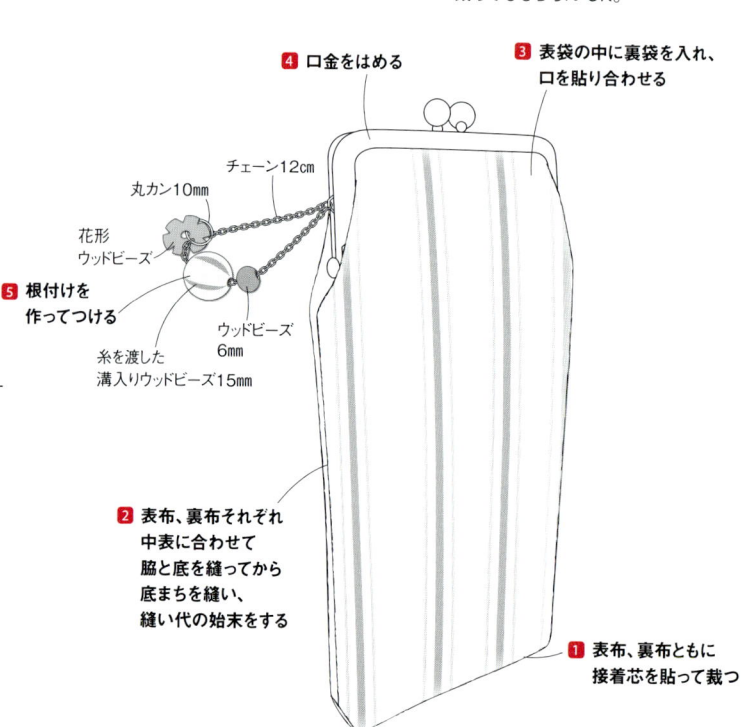

4 口金をはめる
チェーン12cm
丸カン10mm
花形ウッドビーズ
糸を渡した溝入りウッドビーズ15mm
ウッドビーズ6mm

5 根付けを作ってつける

3 表袋の中に裏袋を入れ、口を貼り合わせる

2 表布、裏布それぞれ中表に合わせて脇と底を縫ってから底まちを縫い、縫い代の始末をする

1 表布、裏布ともに接着芯を貼って裁つ

コインケースいろいろ

布のはなし
手のひらサイズのコインケースは、小さな端切れで作れるのも魅力。6点のうち、なんてことないコットンやハーフリネンのプリント地が半分、ちょっと年季の入ったヴィンテージな生地が半分。国籍もいろいろです。

Photo P.20
Pattern P.71 No.25

サイズ　W7×H8cm
材料
表布(星柄コットンツイルプリント)：17×9cm
裏布(リネン無地)：17×9cm
接着芯(表布・裏布用)：17×18cm
口金：幅6.9×4cm (F4・G／②)
根付：図参照

手順
基本の作り方 Type C (P.41) 参照。

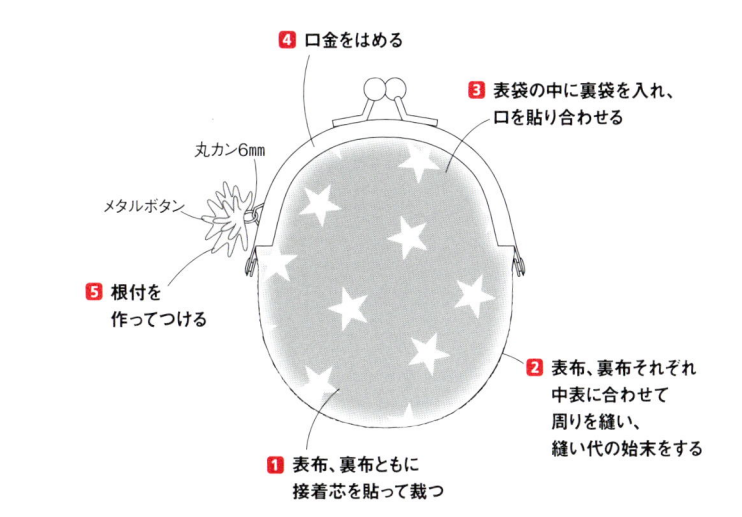

4 口金をはめる
3 表袋の中に裏袋を入れ、口を貼り合わせる
丸カン6mm
メタルボタン
5 根付を作ってつける
2 表布、裏布それぞれ中表に合わせて周りを縫い、縫い代の始末をする
1 表布、裏布ともに接着芯を貼って裁つ

Photo P.20
Pattern P.71 No.26

サイズ　W9.5×H8cm
材料
表布(水玉柄ハーフリネン)：25×10cm
裏布(リネン無地)：25×10cm
接着芯(表布・裏布用)：25×20cm
口金：幅6.9×4cm (F4・ATS／②)
根付：図参照

手順
基本の作り方 Type A (P.38) 参照。

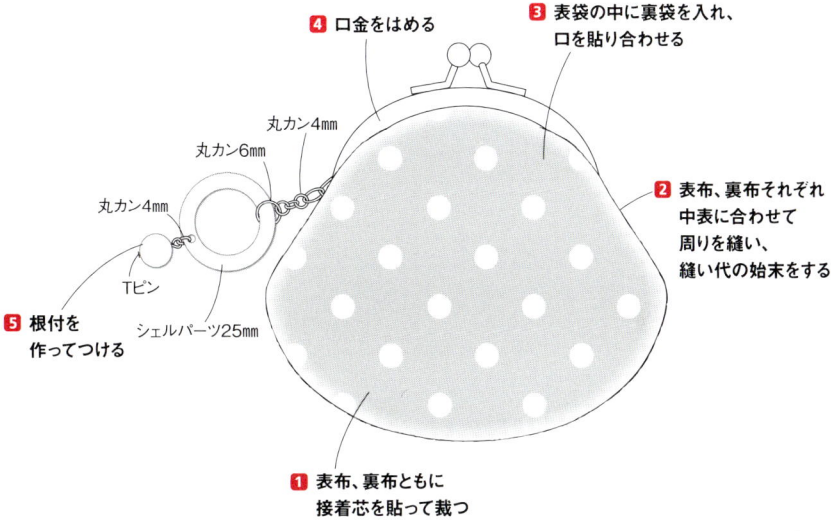

4 口金をはめる
3 表袋の中に裏袋を入れ、口を貼り合わせる
丸カン4mm
丸カン6mm
丸カン4mm
Tピン
5 根付を作ってつける
シェルパーツ25mm
2 表布、裏布それぞれ中表に合わせて周りを縫い、縫い代の始末をする
1 表布、裏布ともに接着芯を貼って裁つ

Photo P.21
Pattern 後ろ見返し① No.27

サイズ　W7.5×H7.5cm
材料
表布(錦紗)：19×9cm
裏布(コットンシャンブレー)：19×9cm
接着芯(表布・裏布用)：19×17cm
口金：幅7.5×4cm (F5・N／②)
根付：図参照

手順
基本の作り方 Type C (P.41) 参照。

4 口金をはめる
3 表袋の中に裏袋を入れ、口を貼り合わせる
チェーン1.5cm
丸カン6mm
丸カン4mm
Tピン
5 根付を作ってつける
アメジストパーツ長さ20mm
2 表布、裏布それぞれ中表に合わせて周りを縫い、縫い代の始末をする
1 表布、裏布ともに接着芯を貼って裁つ

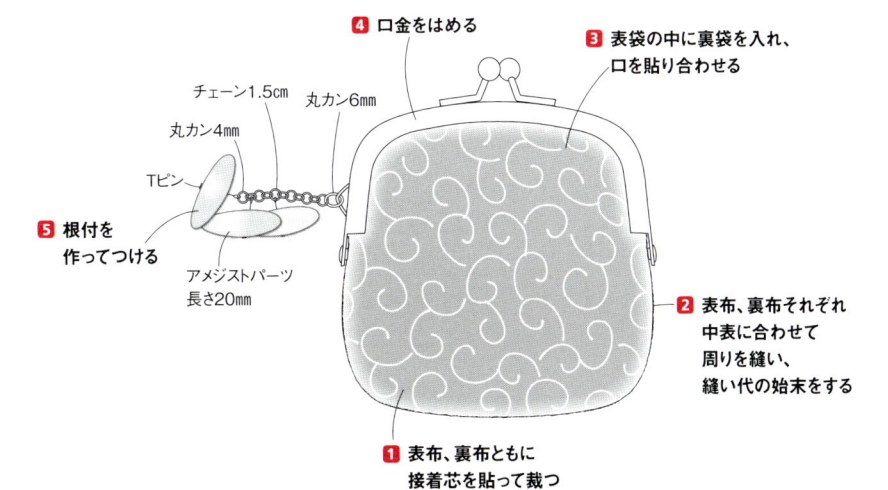

コインケースいろいろ

Photo P.21 Pattern 後ろ見返し① No.28

サイズ W10.5×H7cm

材料
表布(ヴィンテージコットンプリント)：13×16cm
裏布(コットンストライプ)：13×16cm
接着芯(表布・裏布用)：26×16cm
口金：幅7.5×4cm (F5・DB／②)
根付：図参照

手順
基本の作り方 Type A (P.38) 参照。

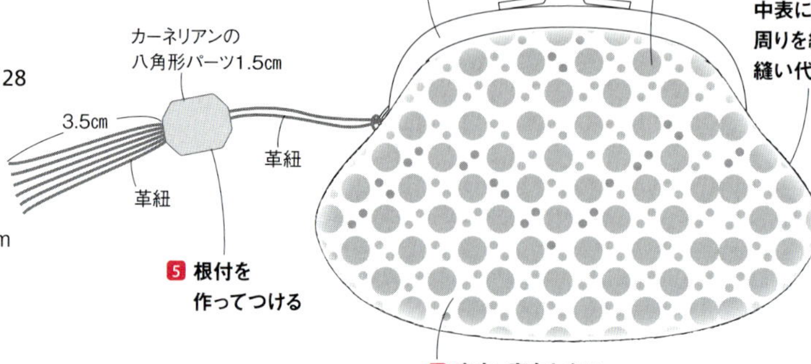

- カーネリアンの八角形パーツ1.5cm
- 3.5cm
- 革紐
- 革紐

4 口金をはめる
3 表袋の中に裏袋を入れ、口を貼り合わせる
2 表布、裏布それぞれ中表に合わせて周りを縫い、縫い代の始末をする
5 根付を作ってつける
1 表布、裏布ともに接着芯を貼って裁つ

Photo P.21 Pattern 後ろ見返し① No.29

サイズ W11×H8.5cm

材料
表布(フィードサック)：28×10cm
裏布(リネン無地)：28×10cm
接着芯(表布・裏布用)：28×19cm
口金：幅7.6×3.8cm (F18・N／②)
根付：図参照

手順
基本の作り方 Type A (P.38) 参照。

- 丸カン6mm
- 丸カン3mm
- ワイヤー
- 葉っぱ形ガラスパーツ 赤3個、青3個

4 口金をはめる
3 表袋の中に裏袋を入れ、口を貼り合わせる
2 表布、裏布それぞれ中表に合わせて周りを縫い、縫い代の始末をする
5 根付を作ってつける
1 表布、裏布ともに接着芯を貼って裁つ

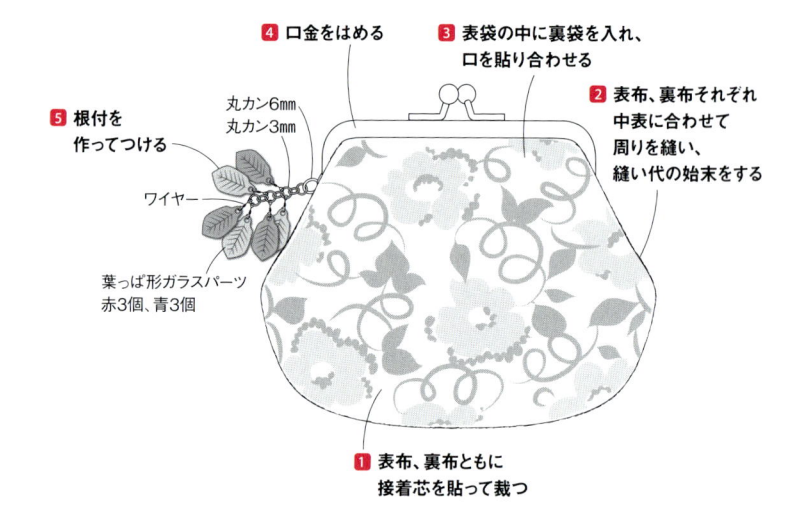

Photo P.20 Pattern 後ろ見返し① No.30

サイズ W11×H8.5cm

材料
表布(ドビーストライプ)：28×10cm
裏布(コットンシャンブレー)：28×10cm
接着芯(表布・裏布用)：28×19cm
口金：幅7.6×3.8cm (F18・ATS／②)
根付：図参照

手順
基本の作り方 Type A (P.38) 参照。

- 円筒形ガラスパーツ
- チェーン10cm
- 丸カン4mm
- 俵形ガラスパーツ
- Tピン
- 丸カン6mm

4 口金をはめる
3 表袋の中に裏袋を入れ、口を貼り合わせる
2 表布、裏布それぞれ中表に合わせて周りを縫い、縫い代の始末をする
5 根付を作ってつける
1 表布、裏布ともに接着芯を貼って裁つ

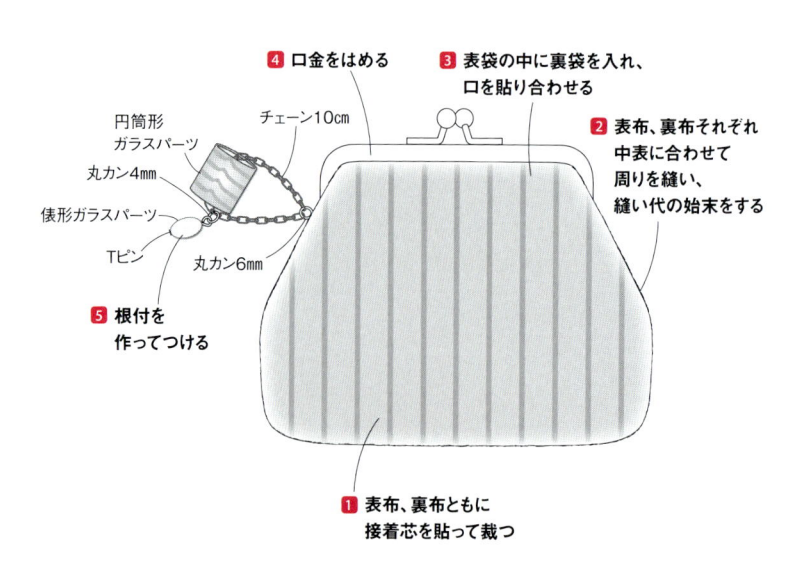

ゴールドの長財布

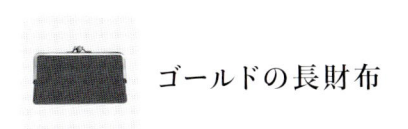

Photo P.22　**Pattern** 後ろ見返し① No.31

▥ サイズ
W17.5×H9×D1cm

▥ 材料
表布(ゴールド箔リネン)：20×20cm
裏布(ソレイヤード)：52×20cm
接着芯(表布・裏布用)：40×40cm
口金：幅16.9×5.6cm (三枚口・ATS／ツ)

▥ 手順
基本の作り方Type C (P.41)参照。

▥ 作り方のポイント
この口金は「三枚口」という名の通り、枠が三つあるタイプ。先に真ん中をはめてから、外側をはめたほうがスムーズにできる。

▥ 布のはなし
表地は、ゴールド箔のリネン。こう見えて麻100％です。裏地はSOULEIADO。お財布には金や黄色がいいと聞くので、こんな組み合わせにしてみました。お金が貯まりますように。

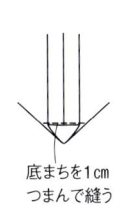

● 脇とまちの縫い方

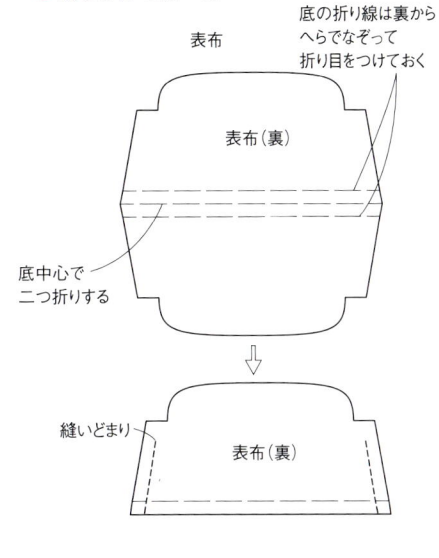

● 内ポケットのつけ方

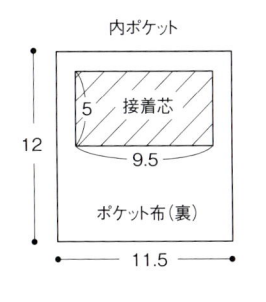

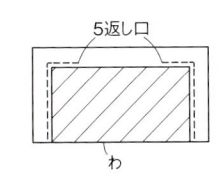

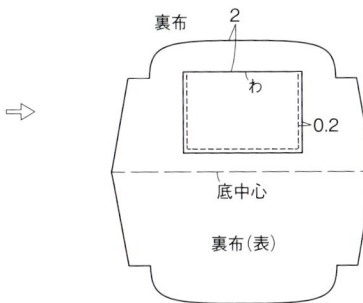

4 裏袋2枚のうち、三枚口の中央の口金に入る側の口を貼り合わせてから表袋の中に入れ、表袋と裏袋の口を貼り合わせる

5 口金をはめる

2 裏布1枚に内ポケットを作ってつける

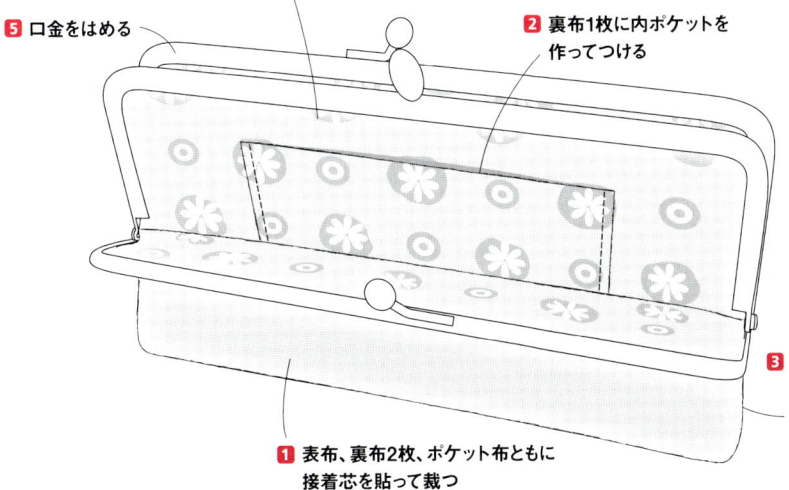

3 表布、裏布2枚それぞれ両脇を縫い、表布の底まちもつまんで縫い、縫い代の始末をする

1 表布、裏布2枚、ポケット布ともに接着芯を貼って裁つ

水玉の親子財布

Photo P.23　Pattern 後ろ見返し① No.32

■ サイズ
W17×H10cm

■ 材料
表布(水玉柄コットンプリント)：20×24cm
裏布(無地コットン)：47×24cm
接着芯(表布・裏布用)：67×24cm
口金：幅13×5.5cm(F63・N／ツ)
根付：図参照

■ 手順
基本の作り方 Type A(P.38)+Type C(P.41)参照。

■ 作り方のポイント
こちらは「親子」といって、「親」二枚の中に「子」が二枚、つまり枠が四つあるタイプの口金。先に「子」のほうをはめてから、「親」をはめる。「子」のほうのリベット脇は力がかかるので、口金の角はきちんとつぶしておいたほうがよい。

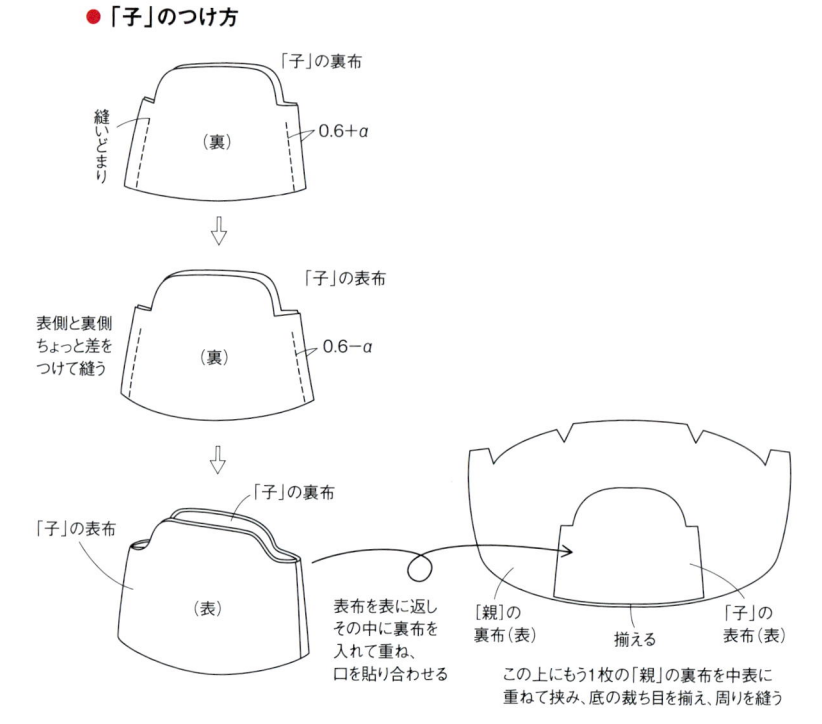

■ 布のはなし
レトロな形の財布は、レトロな雰囲気の水玉プリントで。裏地は、開けるたびにドキッとしそうな反対色にしてみました。さらに、「子」の内側を別布にするという手もあります。

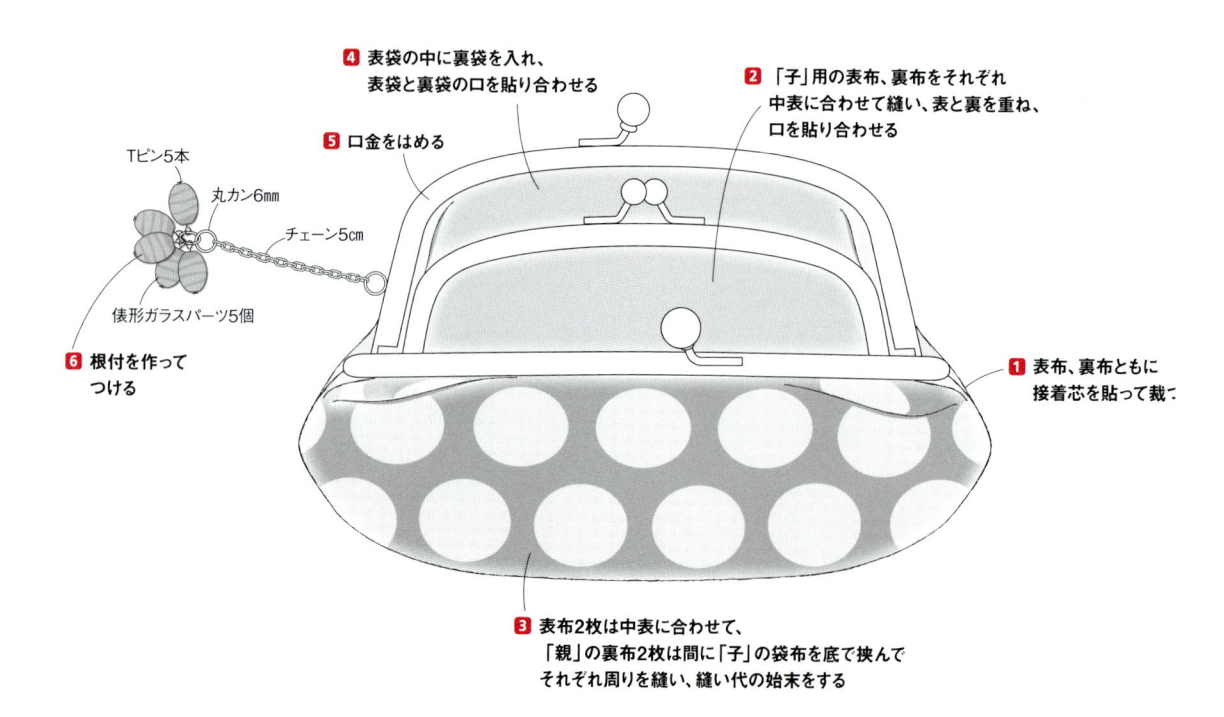

●「子」のつけ方

「子」の裏布
縫いどまり
(裏)　0.6+α

↓

「子」の表布
表側と裏側ちょっと差をつけて縫う
(裏)　0.6−α

↓

「子」の裏布
「子」の表布
(表)
表布を表に返しその中に裏布を入れて重ね、口を貼り合わせる

[親]の裏布(表)　揃える　「子」の表布(表)
この上にもう1枚の「親」の裏布を中表に重ねて挟み、底の裁ち目を揃え、周りを縫う

■4 表袋の中に裏袋を入れ、表袋と裏袋の口を貼り合わせる

■5 口金をはめる

■2 「子」用の表布、裏布をそれぞれ中表に合わせて縫い、表と裏を重ね、口を貼り合わせる

Tピン5本
丸カン6mm
チェーン5cm
俵形ガラスパーツ5個

■6 根付を作ってつける

■1 表布、裏布ともに接着芯を貼って裁つ

■3 表布2枚は中表に合わせて、「親」の裏布2枚は間に「子」の袋布を底で挟んでそれぞれ周りを縫い、縫い代の始末をする

60

博多帯地のポシェット

Photo P.26　Pattern 後ろ見返し② No.33

▎サイズ　W9×H14.5cm

▎材料
表布(博多献上帯の端切れ)：11×31cm
裏布(無地リネン)：11×31cm
接着芯(表布・裏布用)：22×31cm
口金：幅9×6.1cm (F26・ATS／☺)
チェーン：幅5mmを35cm
ナスカン：長さ30mmを2個

▎手順
基本の作り方 Type C (P.41) 参照。

▎作り方のポイント
裏に糸が渡っている帯地は、糸を整えてから接着芯を貼ること。あらかじめ両端にナスカンがついたチェーンもあり、それならペンチがなくても取り付け簡単。

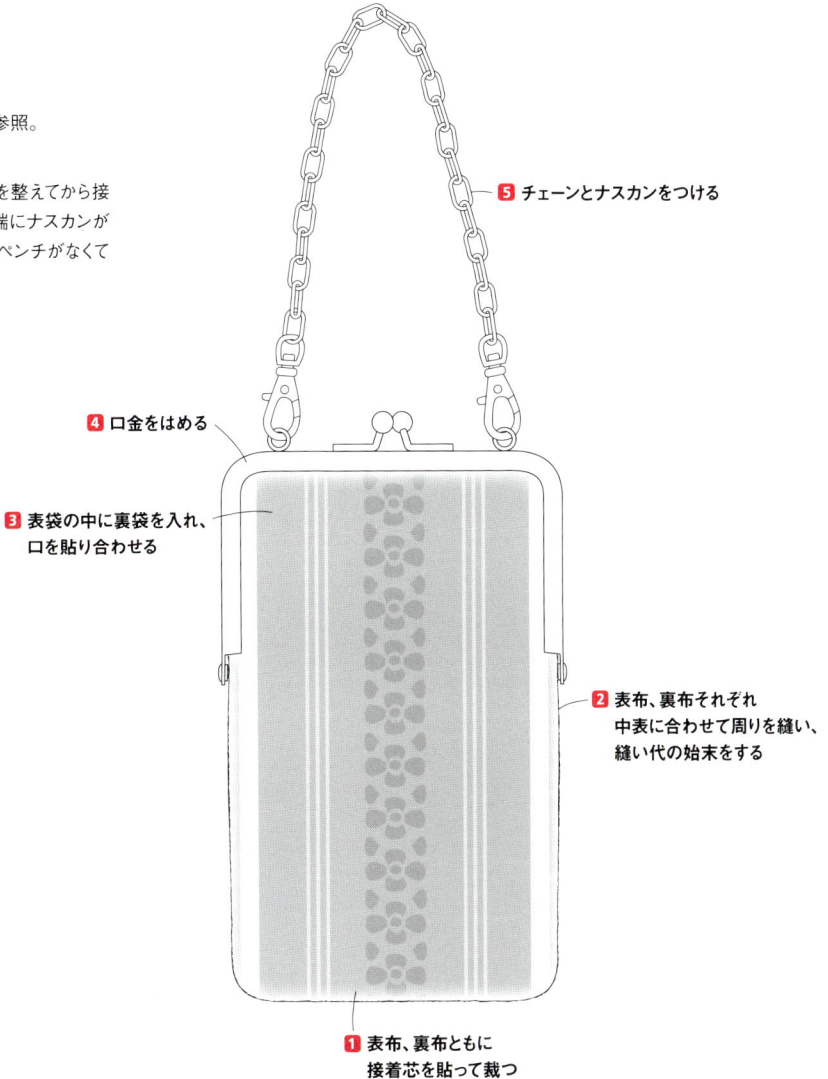

▎布のはなし
表地は正絹のいわゆる「博多献上」の帯地。端切れで持っていたものです。端正な生地には端正な形が似合うだろうと思い、すっきりフラットなポシェットにしてみました。

5 チェーンとナスカンをつける

4 口金をはめる

3 表袋の中に裏袋を入れ、口を貼り合わせる

2 表布、裏布それぞれ中表に合わせて周りを縫い、縫い代の始末をする

1 表布、裏布ともに接着芯を貼って裁つ

帆布のポケットつきポシェット

Photo P.27　Pattern 後ろ見返し② No.34

サイズ　W14×H15cm

材料
表布(7号帆布)：16×43cm
裏布(リバティプリント)：16×43cm
接着芯(表布・裏布用)：32×43cm
口金：幅10.1×5.7cm (F11・N ／☺)

バネホック：直径12mmを1組
革紐：幅9mmを30cm
ナスカン：長さ35mmを1個
Dカン：幅10mmを1個
カシメ：直径5mmを2組

手順
基本の作り方 Type A (P.38) 参照。

作り方のポイント
ポケットのホックは袋布を縫う前に打っておく。
革のストラップは、口金をはめてから、最後につける。

布のはなし
表地は7号帆布。接着芯を貼らなくてもよいくらい肉厚なのだけれど、貼ったほうが扱いやすいので、私は貼ります。その代わり、裏には薄手の生地を使って。

● ポケットのつけ方

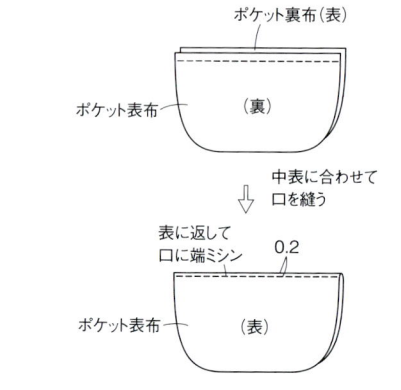

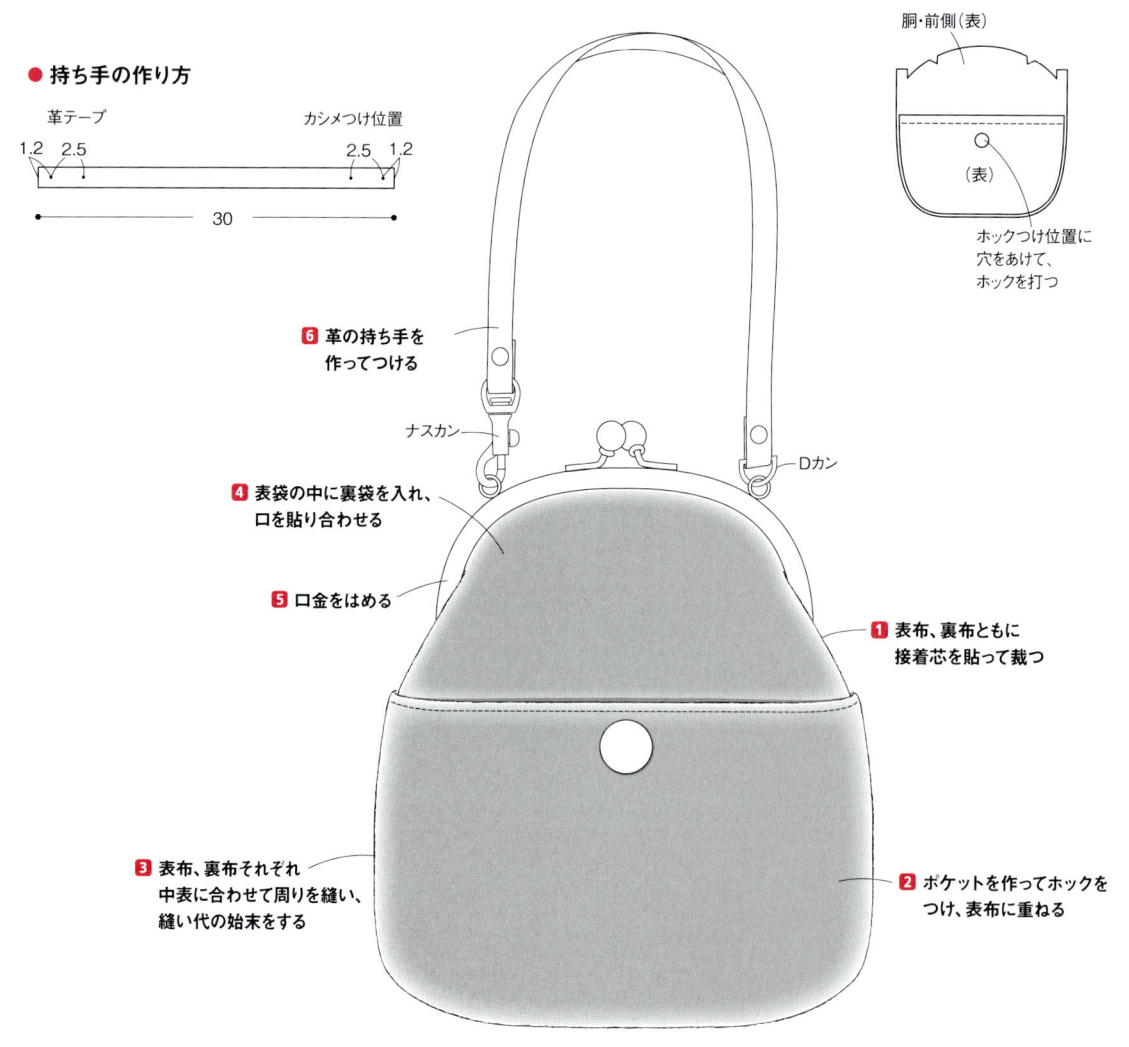

ポケット裏布(表)
ポケット表布
(裏)

⇩ 中表に合わせて口を縫う

表に返して口に端ミシン　0.2
ポケット表布
(表)

胴・前側(表)
(表)
ホックつけ位置に穴をあけて、ホックを打つ

● 持ち手の作り方

革テープ　　　　　　　カシメつけ位置
1.2　2.5　　　　　　　2.5　1.2
　　　　　　30

6 革の持ち手を作ってつける

ナスカン　　　Dカン

4 表袋の中に裏袋を入れ、口を貼り合わせる

5 口金をはめる

1 表布、裏布ともに接着芯を貼って裁つ

3 表布、裏布それぞれ中表に合わせて周りを縫い、縫い代の始末をする

2 ポケットを作ってホックをつけ、表布に重ねる

ファーのミニバッグ

PhotoP.28　**P**attern 後ろ見返し② No.35

▓ サイズ　W21.5×H15cm

▓ 材料
表布（シール地）：24×32cm
裏布（リネン無地）：24×32cm
接着芯（表布・裏布用）：48×32cm
口金：幅14.9×7cm（F10・ATS／♡）

革テープ：幅10mmを90cm
丸カン：直径15mmを4個
カシメ：直径5mmを8組

▓ 手順
基本の作り方 Type A（P.38）参照。

▓ 作り方のポイント
シール地は毛足の方向に気をつけて裁断を。カシメ位置のしるしを表布側の接着芯につけておき、袋に縫う前の平らな状態のうちに、丸カンを通して二つ折りした革テープをカシメでとめる。持ち手は口金をはめてからつける。

▓ 布のはなし
カン付き口金がなくても、このように仕立てればミニバッグの風情。ファーは、あんまり長毛種だと口金をはめるのに難儀するけれど短毛のシール地ならば大丈夫です。

● 持ち手の作り方

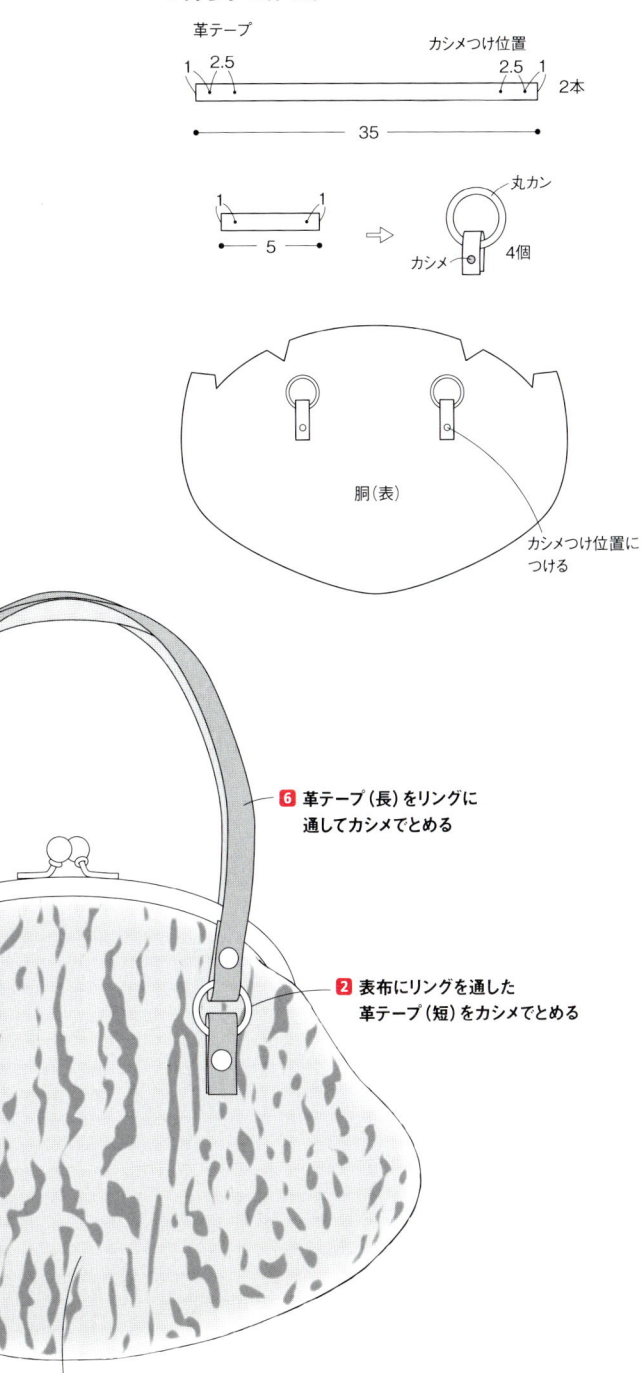

革テープ　　　　　　　　　カシメつけ位置
1　2.5　　　　　　　　　　2.5　1
　　　　　　　　　　　　　　　　2本
　　　　　　　35

1　　　1　　　→　　丸カン
　5　　　　　　　カシメ　4個

胴（表）
カシメつけ位置につける

4 表袋の中に裏袋を入れ、口を貼り合わせる
5 口金をはめる
3 表布、裏布それぞれ中表に合わせて周りを縫い、縫い代の始末をする
6 革テープ（長）をリングに通してカシメでとめる
2 表布にリングを通した革テープ（短）をカシメでとめる
1 表布、裏布ともに接着芯を貼って裁つ

63

デニムの横長ミニバッグ

Photo P.29　**P**attern 後ろ見返し②　No.36

サイズ
W24×H10×D6cm

材料
表布(リネン・ブラックデニム)：32×27cm
裏布(タータンチェック・ラミー)：32×27cm
接着芯(表布・裏布用)：32×54cm
口金：幅18×4.5cm (F-25・N／㋳)

両面ハトメ：#25 (内径10mm)を8組
チェーン：7mm幅を70cm
丸カン：直径20mmを4個

手順
基本の作り方 Type A (P.38) 参照。

作り方のポイント
ハトメつけ位置のしるしは、最初にしっかり接着芯に書いておくこと。表袋と裏袋の口を貼り合わせてしまうとしるしが見えなくなるので、貼る前に表布側だけ抜いておき、貼ってからその穴に合わせて裏布側も抜くとよい。

布のはなし
ブラックのベルギーリネンデニム。パンツを縫い、帽子も縫い、バッグもいくつか作り、一年中使い倒している大好物の生地を使いました。

● チェーンのつけ方

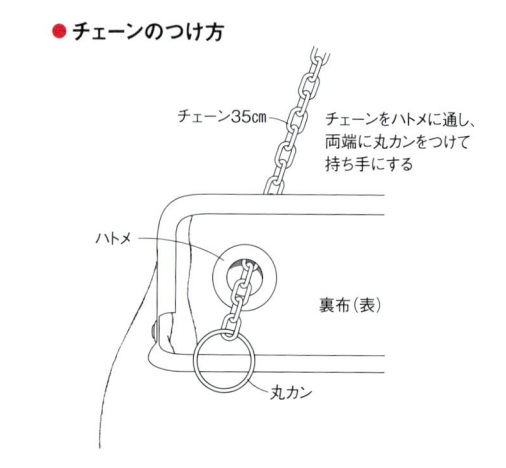

チェーン35cm　チェーンをハトメに通し、両端に丸カンをつけて持ち手にする
ハトメ
裏布(表)
丸カン

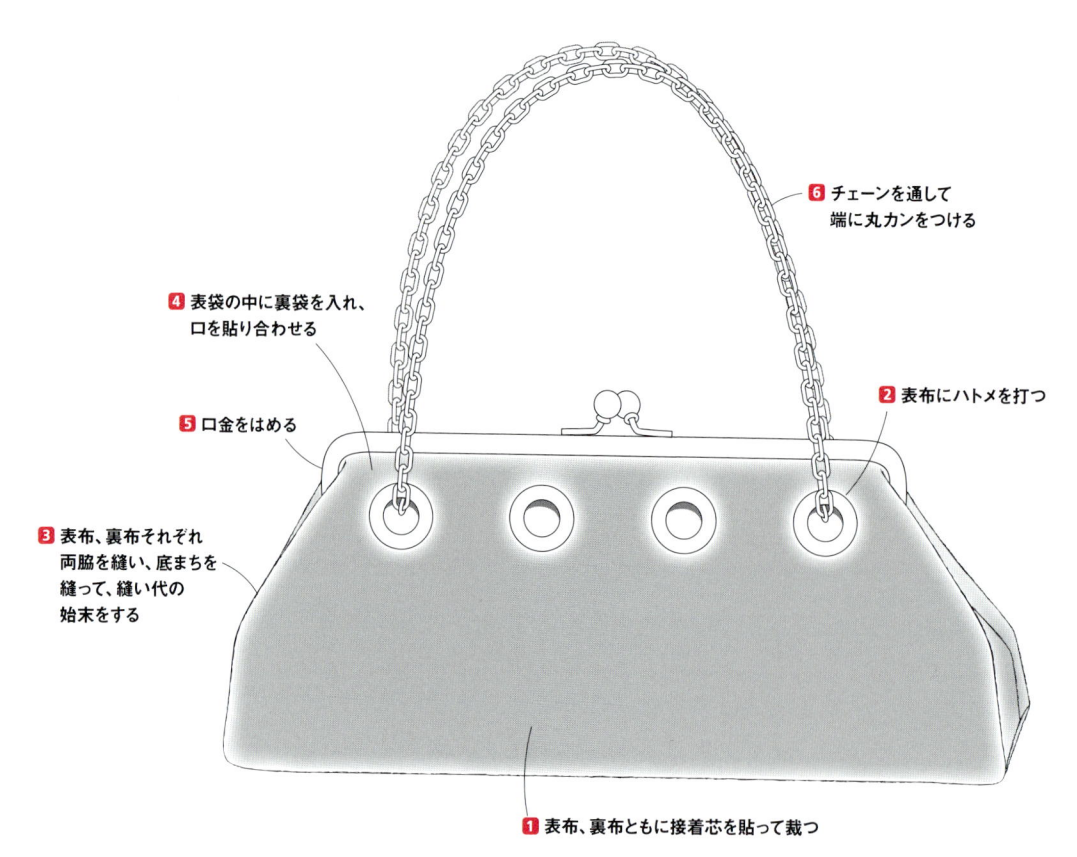

■6 チェーンを通して端に丸カンをつける
■4 表袋の中に裏袋を入れ、口を貼り合わせる
■5 口金をはめる
■2 表布にハトメを打つ
■3 表布、裏布それぞれ両脇を縫い、底まちを縫って、縫い代の始末をする
■1 表布、裏布ともに接着芯を貼って裁つ

シルバーのリップクリームケース

Photo P.30　**P**attern P.69　No.37

▌サイズ　W4×H10cm

▌材料
表布（ラメニット地）：11×11cm
裏布（コットンストライプ）：11×11cm
接着芯（表布・裏布用）：22×11cm
口金：幅3.7×3.6cm（F-1・N／②）

チェーン：3mm幅を75cm
丸カン：直径6mmを1個
引き輪+アジャスターセット：1組

▌手順
基本の作り方 Type C（P.41）参照。

▌作り方のポイント
伸縮性のある生地の場合は、伸ばさないように気をつけながら、上から押さえるようにしてしっかり接着芯を貼ること。

▌布のはなし
どうせ首から下げて使うなら、アクセサリーらしくしようと、光りモノの生地を使って作ってみました。首から下げるかどうかはともかく、同じ形で印鑑ケースにもなります。

4 口金をはめる
3 表袋の中に裏袋を入れ、口を貼り合わせる
5 チェーンをつける
1 表布、裏布ともに接着芯を貼って裁つ
2 表布、裏布それぞれ周りを縫い、縫い代の始末をする

別珍のバッグチャーム

Photo P.30　**P**attern P.69　No.38

▌サイズ　W6×H5.5cm

▌材料
表布（別珍）：8×12cm
裏布（インドシルク）：8×12cm
接着芯（表布・裏布用）：16×12cm
口金：幅5×3.5cm（B／⑦）

チェーン：4mm幅を12cm
丸カン：直径7mmを2個
カニカン：長さ12mmを1個

▌手順
基本の作り方 Type A（P.38）参照。

▌作り方のポイント
別珍は毛足の方向があるので、前と後ろで逆にしないよう裁断のときに注意する。

▌布のはなし
表地は真っ赤な別珍。裏地は赤×黒のインドシルク。ちびがまぐちは、ちょっとの端切れでできるけれど、小さいからこそ、インパクトのある生地を使うのが正解。

チェーン
カニカン
丸カン
3 表袋の中に裏袋を入れ、口を貼り合わせる
5 チェーンをつける
4 口金をはめる
1 表布、裏布ともに接着芯を貼って裁つ
2 表布、裏布それぞれ周りを縫い、縫い代の始末をする

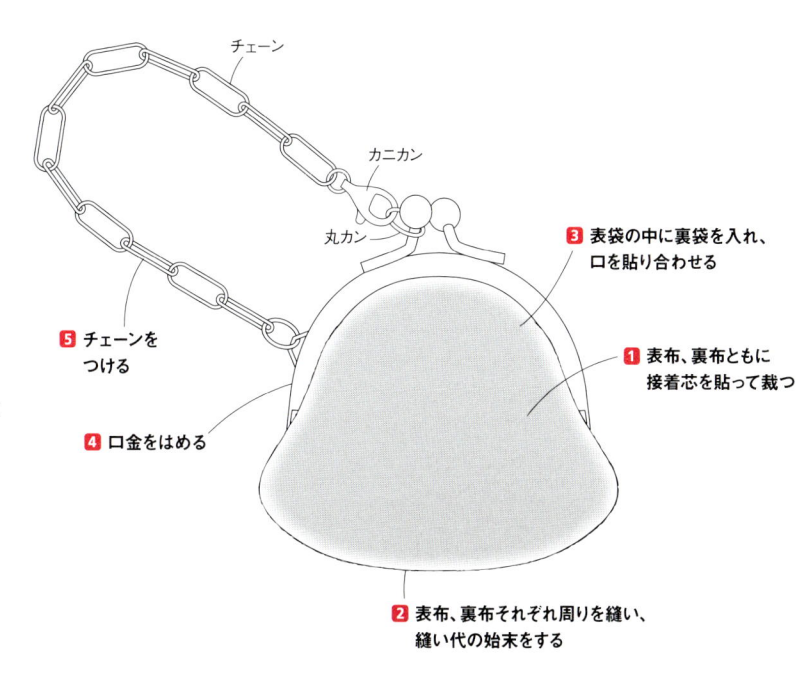

ブローチ、帯飾り、キーホルダー、ブレスレット

Photo P.31　Pattern P.69　No.39

▮ サイズ
W4×H4cm

▮ 材料
表布（a：丸帯、b：サリー、c：チャイナブロケード、d：ネクタイ地）：各6×9cm
裏布（インドシルク）：各6×9cm
接着芯（表布・裏布用）：各12×9cm
口金：幅4×3.8cm（F-16・a：ATS、b：DB、c：G、d：N／㋩）

a（ブローチ）
カブトピン：40mmを1個
チェーン：4mm幅で5cm
丸カン：直径6mmを3個

b（帯飾り）
帯飾り用プレート：長さ6cmを1個
根付組紐パーツ：7cmを1本
丸カン直径5mm：1個

c（キーホルダー）
キーホルダー用ダブルリング：直径25mmを1個、直径12mmを2個
チェーン：3mm幅で8cm
丸カン直径6mm：3個

d（ブレスレット）
革テープ：10mm幅を15cm
マンテル：1組
パールビーズ：直径6mmを1個
丸カン：直径4mmを3個
Tピン：長さ15mmを1本

▮ 手順
基本の作り方 Type B（P.41）参照。

▮ 作り方のポイント
表地の厚さにもよるけれど、ボール紙などの胴芯を入れるとしっかりする（P.36を参照）。底のカーブの折り癖をきちんとつけながら貼り合わせること。

▮ 布のはなし
アンティークの丸帯、チャイナブロケード、ネクタイ用絹地、サリーの生地と、個性の強い生地ばかり。それぞれ、ブローチ、帯飾り、キーホルダー、ブレスレットに。bの使い方が、本来の「根付」に近いものですね。

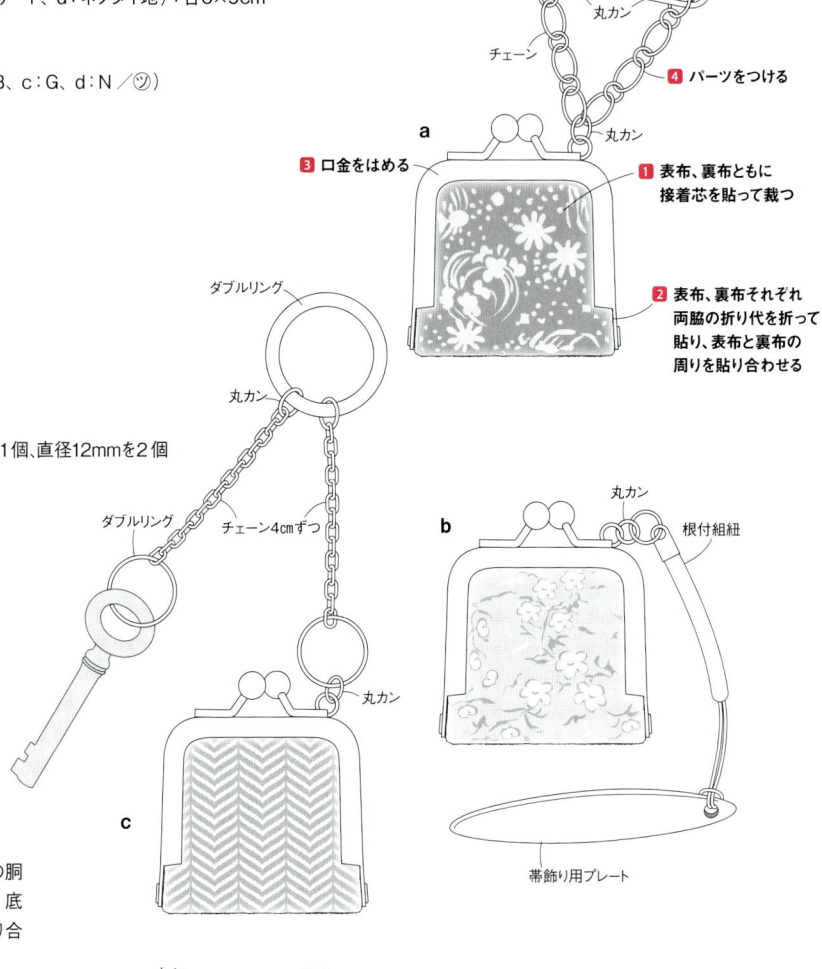

a
カブトピン
チェーン
丸カン
❹ パーツをつける
❸ 口金をはめる
❶ 表布、裏布ともに接着芯を貼って裁つ
❷ 表布、裏布それぞれ両脇の折り代を折って貼り、表布と裏布の周りを貼り合わせる

b
ダブルリング
丸カン
丸カン
根付組紐
帯飾り用プレート

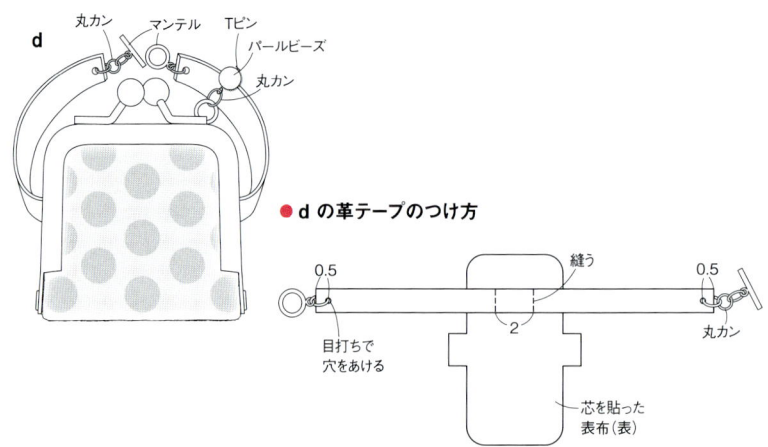

c
ダブルリング
チェーン4cmずつ
丸カン

d
丸カン　マンテル　Tピン　パールビーズ
丸カン

● dの革テープのつけ方
0.5　縫う　0.5
目打ちで穴をあける
丸カン
芯を貼った表布（表）
2

実物大型紙

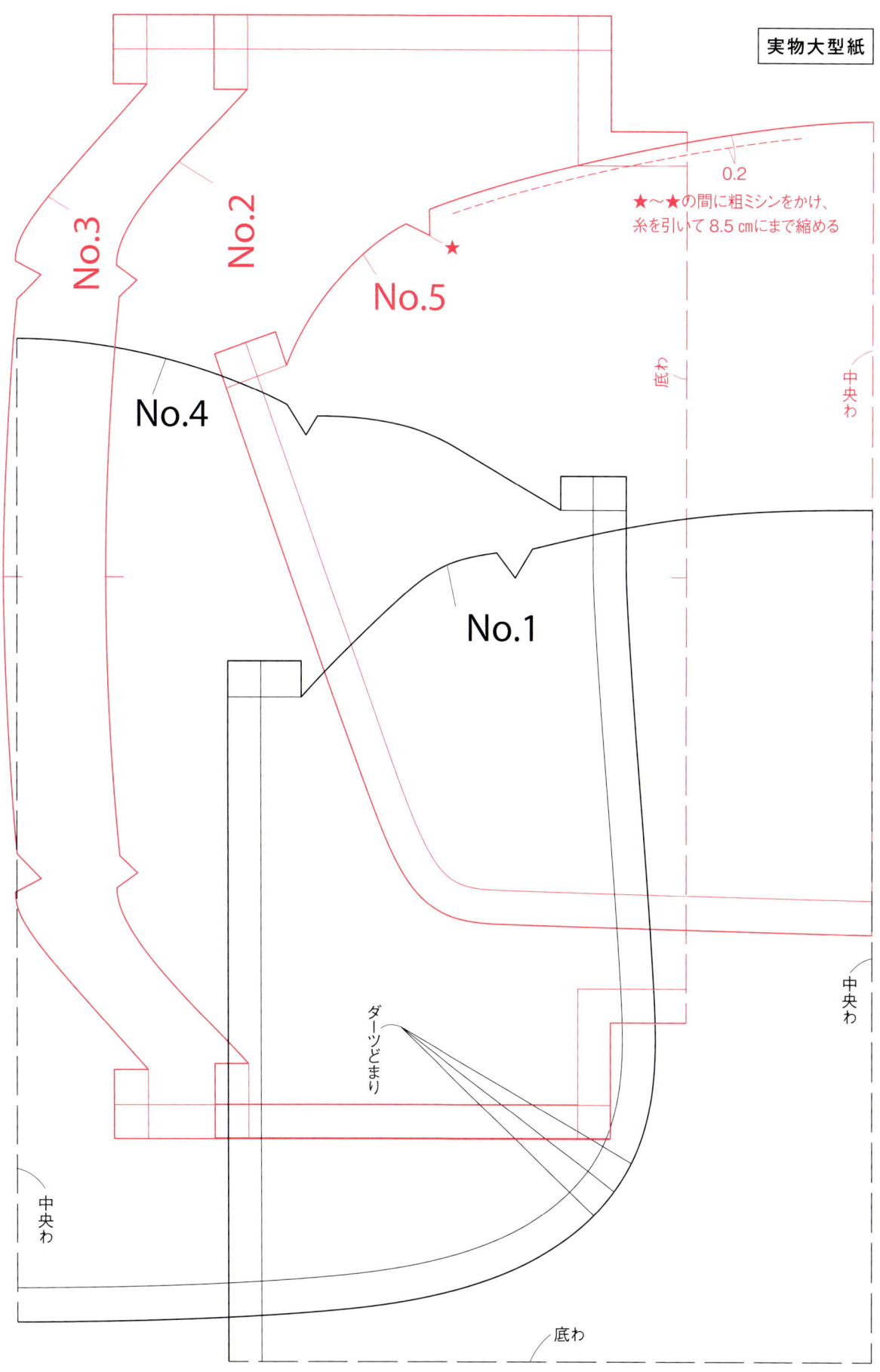

0.2

★〜★の間に粗ミシンをかけ、糸を引いて8.5cmにまで縮める

No.3
No.2
No.5
No.4
No.1

中央わ
底わ
中央わ
ダーツどまり
中央わ
底わ

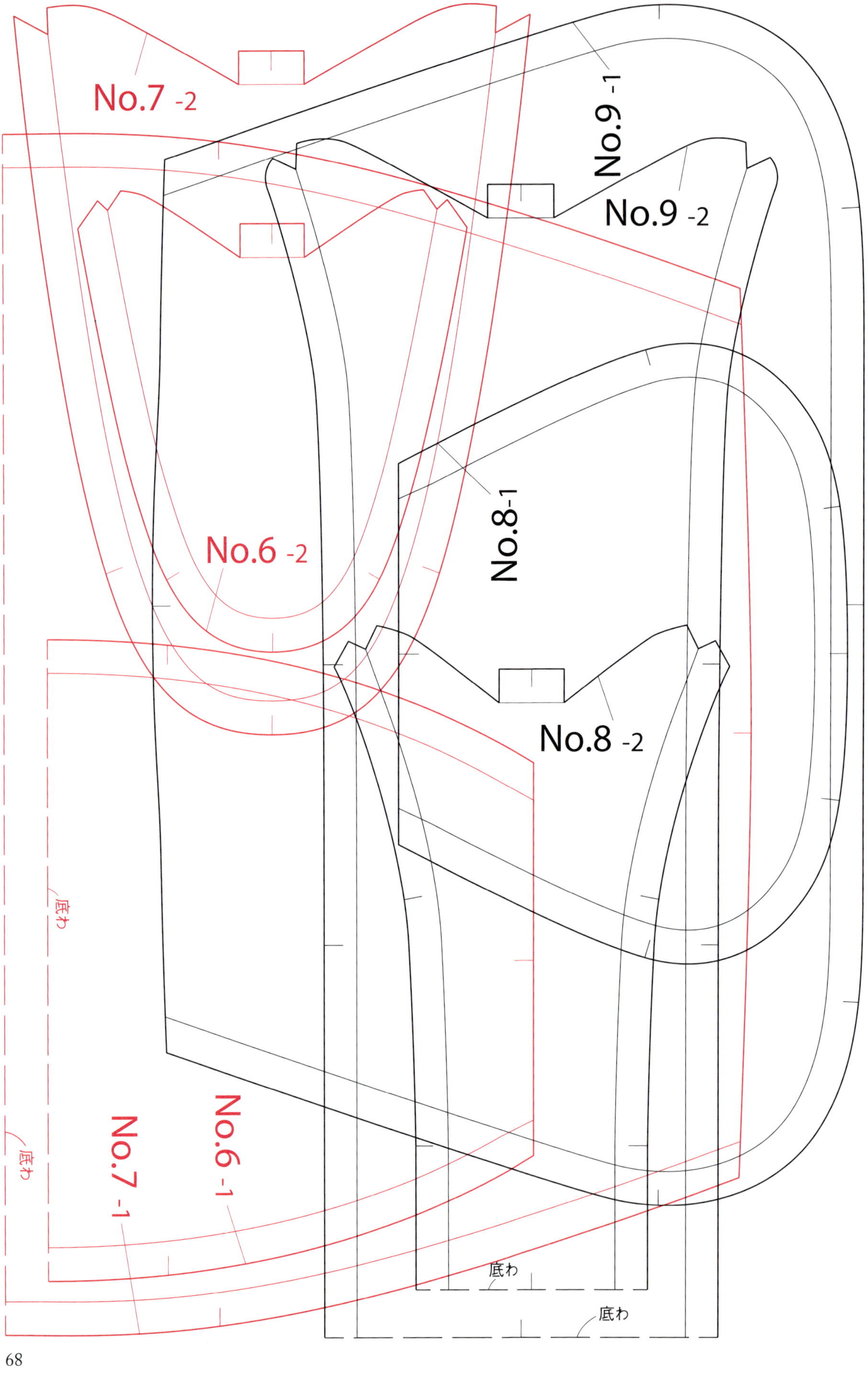
No.7 -2
No.9 -1
No.9 -2
No.6 -2
No.8-1
No.8 -2
底わ
底わ
No.7 -1
No.6 -1
底わ
底わ

No.38 No.11-2 No.39

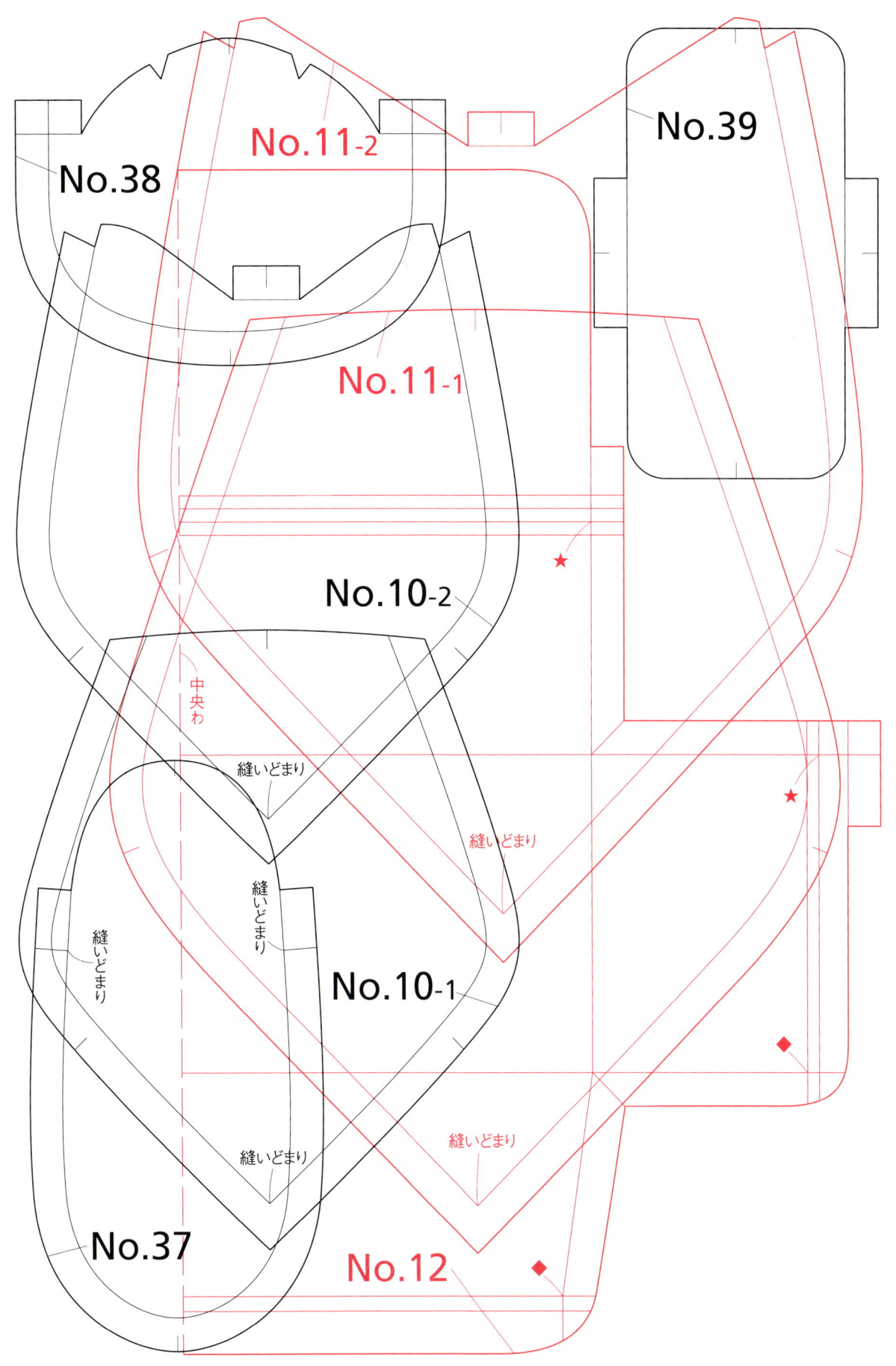

No.11-1

No.10-2

中央わ

縫いどまり　縫いどまり

縫いどまり

No.10-1

No.37 No.12

縫いどまり　縫いどまり

No.14

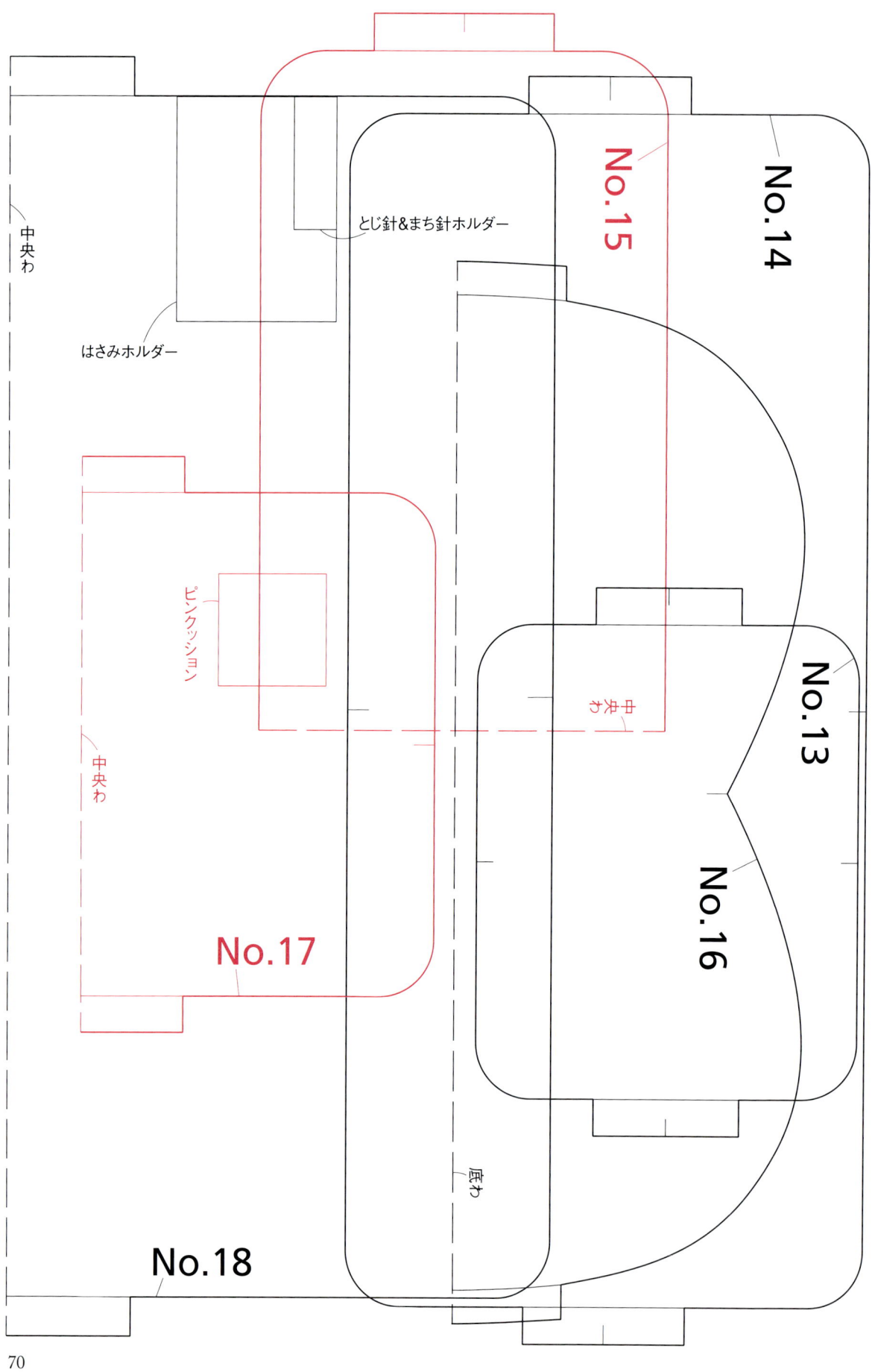

No.15

No.13

No.16

No.17

No.18

中央わ

とじ針&まち針ホルダー

はさみホルダー

ピンクッション

中央わ

中央わ

底わ

No.19　No.22

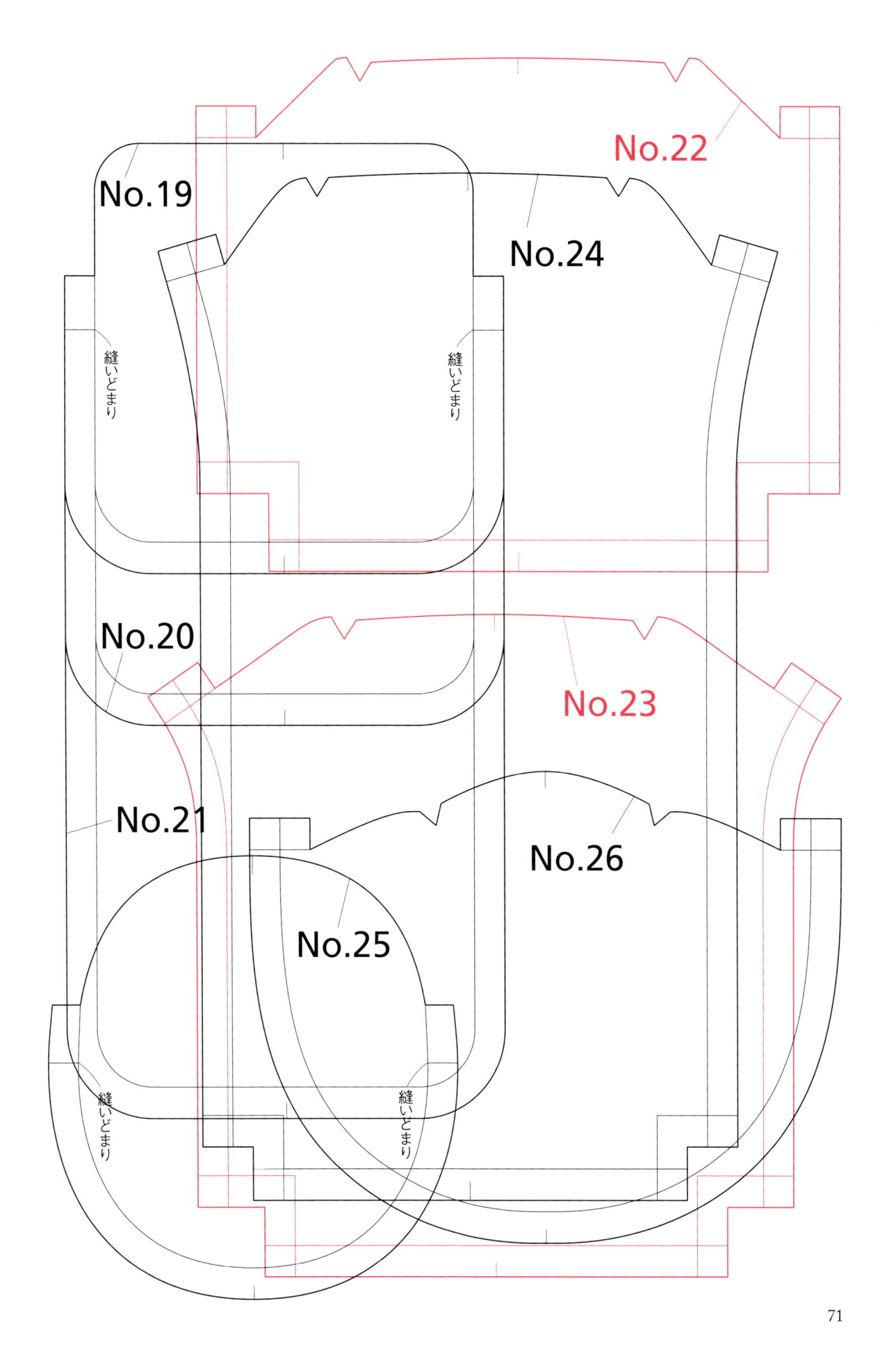

No.24

縫いどまり　縫いどまり

No.20

No.23

No.21

No.26

No.25

縫いどまり　縫いどまり

Profile

越膳夕香（こしぜんゆか）

北海道旭川市出身。女性誌の編集者を経て作家に転身し、手芸雑誌などで、バッグ、布小物、ニット小物などの作品を発表している。手作りのモチベーションは自分で使うためのオンリーワンなものを作ることにある。そんな精神を伝えるべく、自宅アトリエにて、作りやすさと使いやすさを備えた楽しい手作りを追求するフリースタイルの手芸教室「xixiang手芸倶楽部」を主宰。和服地から革まで、扱う素材の守備範囲は広い。著書に『もっと、がまぐちの本』（小社）などがある。
http://www.xixiang.net/

Staff

写真＊中島千絵美

デザイン＊釜内由紀江、五十嵐奈央子、石神奈津子（GRiD）

イラスト＊大楽里美（day studio）

編集協力＊村松千絵（Cre-Sea）

【口金メーカー ショップリスト】※50音順

■ タカギ繊維株式会社
〒602-8251　京都市上京区黒門通上長者町上ル
tel.075-441-4181　fax 075-415-0081
http://www.takagi-seni.com/
Eメール：takagiseni@nifty.com

■ 株式会社角田商店
〒111-0054　東京都台東区鳥越2-14-10
tel.03-3851-8186　Fax.03-3866-8365
http://shop.towanny.com/

■ 藤久株式会社
〒465-8511　名古屋市名東区高社1丁目210番地
☎0120-478020
http://www.crafttown.jp/

手芸用品通販サイト「シュゲール」
☎0120-081000
http://www.shugale.com/

※本書掲載の口金サイズと、
　商品に表記されているサイズとは異なる場合があります。

＊商品情報は2013年4月時点のもので、予告なく変更される場合があります。

本書の内容に関するお問い合わせは、
お手紙かメール（jitsuyou@kawade.co.jp）にて承ります。
恐縮ですが、お電話でのお問い合わせは
ご遠慮くださいますようお願いいたします。

いちばん簡単、きれいに作れる
がまぐちの本

2013年 4月30日　初版発行
2018年10月30日　11刷発行

著　者　　越膳夕香
発行者　　小野寺優
発行所　　株式会社河出書房新社
　　　　　〒151-0051
　　　　　東京都渋谷区千駄ヶ谷2-32-2
　　　　　電話　03-3404-8611（編集）
　　　　　　　　03-3404-1201（営業）
　　　　　http://www.kawade.co.jp/

印刷・製本　図書印刷株式会社
ISBN978-4-309-28372-2

Printed in Japan

落丁・乱丁本はお取り替えいたします。
本書のコピー、スキャン、デジタル化等の無断複製は著作権法上での例外を除き、禁じられています。本書を代行業者等の第三者に依頼してスキャンやデジタル化することは、いかなる場合も著作権法違反となります。

No.29

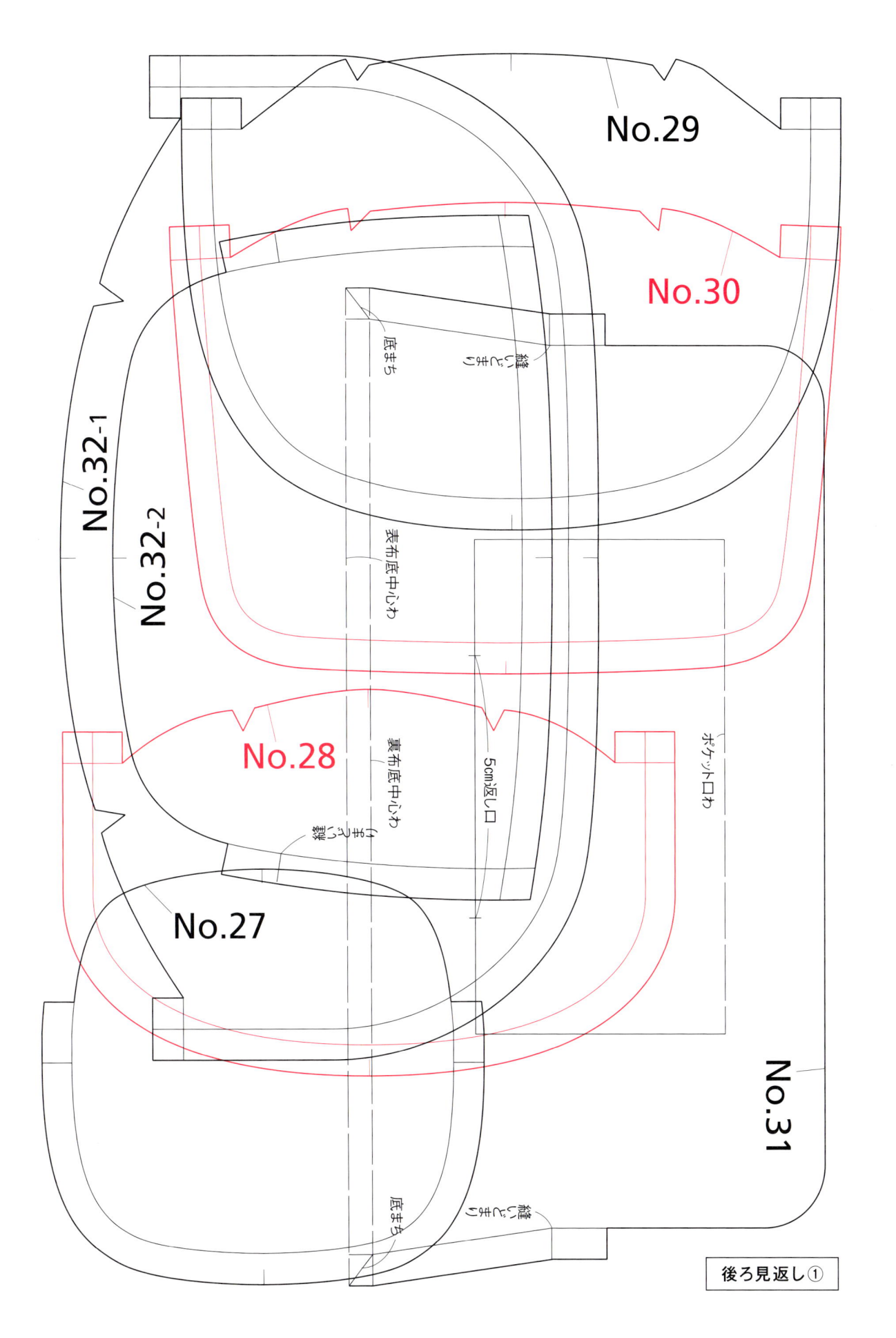

No.30

No.32-1

No.32-2

底まち

縫いどまり

表布底中心わ

ポケット口わ

5cm返し口

No.28

裏布底中心わ

縫いどまり

No.27

No.31

底まち

縫いどまり

後ろ見返し①

No.34-1

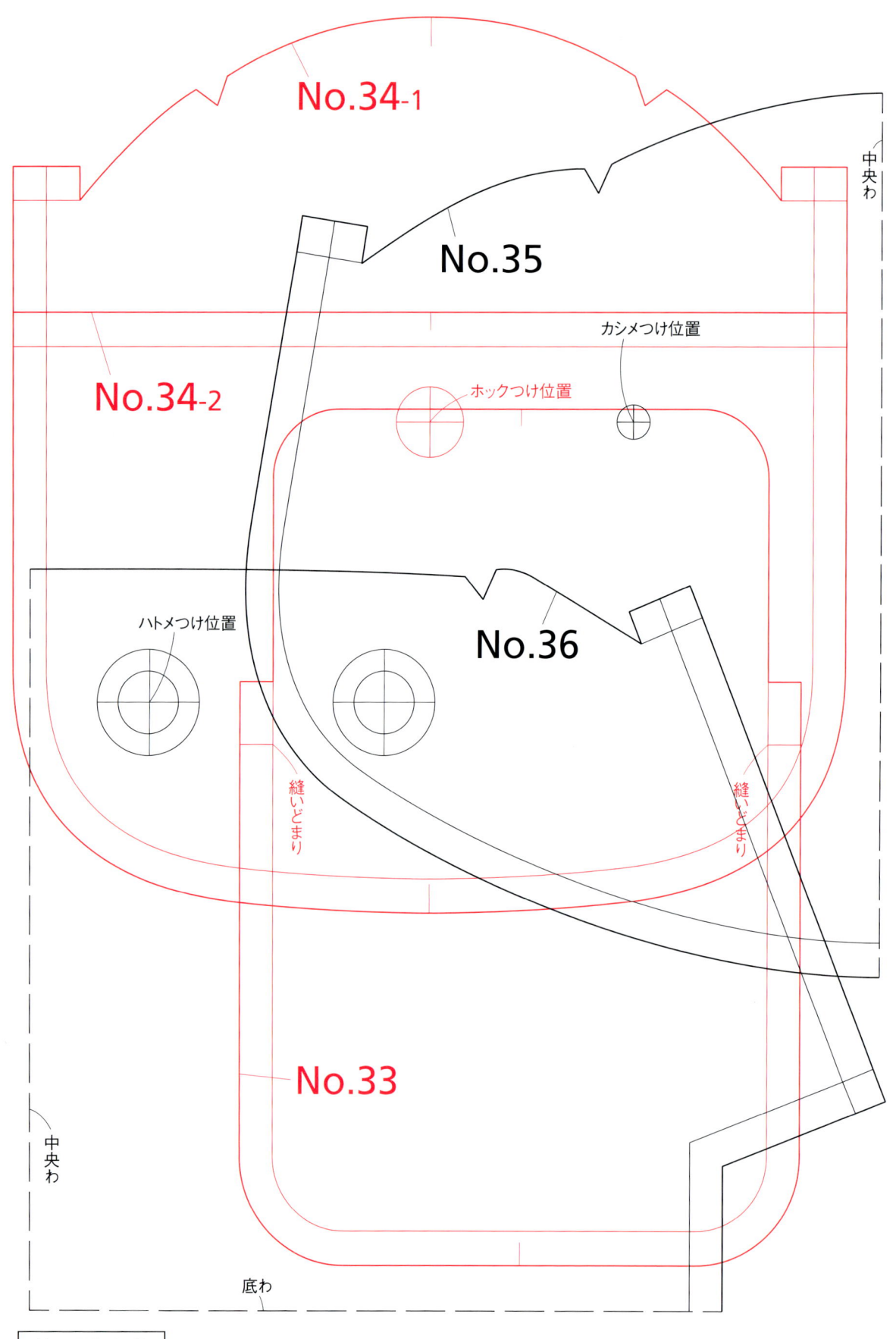

No.35

No.34-2

カシメつけ位置

ホックつけ位置

ハトメつけ位置

No.36

縫いどまり

縫いどまり

No.33

中央わ

中央わ

底わ

後ろ見返し②